Pat Brave

Hab nix, bin nix, macht nix!

All-Age. Bleib stehen biste schon da.

Ich bedanke mich dafür,

am Leben teil haben zu dürfen.

Inhalt

Prolog

Ich hab das innere Gefühl dieses Buch schreiben zu müssen. Es ist wie ein Schrei aus den Tiefen meiner Seele. Ich mag kein Gefangener meines Gewissens mehr sein, zieh die gebräuchlichen Schuhe nicht mehr an, sind nicht mehr meine, auch nicht mit oder ohne Nikolaus. Aus die Maus! Sehr viele sollten das Aufgeben lernen, um Sieger zu bleiben.

Egoismus und Ekpathie, das Gegenteil vom Empathie, ist wie ein schwarzes Loch, frisst Sterne und Planeten und pupst neue Galaxien wieder aus. Wenn die Zeit sich da mal nicht verschluckt!

Nicht jede emotionale Ansteckung ist gut, aber wir sollten nicht erst auf Unglücke warten, die wir eben nicht mehr korrigieren können. Hoffnung ist sehr wichtig, reicht aber alleine nicht aus.

Lebenserfahrungen sind unheimlich wertvoll, die

guten sowie die schlechten und sollten unbedingt weitergegeben werden. Ich gebe gern, sofern ich etwas habe und nicht dazu gezwungen werde.

Es wird zwar keine volle Bonbontüte sein, aber vielleicht eine Anregung der Gedankenwelt unseres Zeitgeistes. Ein wenig das *Über-Wasser-Bewusstsein* anstoßen, um zu spüren was wir verlieren werden, wen wir so weiter machen wie bisher. Ein bisschen Wettbewerb kann dem Teufel auch nicht schaden.

Wir behandeln unsere Umwelt, unsere Umgebung, zu oft wie Klopapier. Hauptsache der eigene Arsch bleibt sauber.

Die Bäume erzählen Geschichten, die wir niemals oder nur ganz selten, aber gehörig zum nachlesen bekommen. Sie sind still, aber längst nicht tot. *Back to the roots..*, zurück zu den Wurzeln, damit neue Äste wachsen? Nein, aber an den Ästen der alten Stämme entspringen neue Blüten, die bestäubt werden wollen. Also *making own roots...,* eigene Wurzeln machen haben die stillen Dinger schon lange drauf gehabt.

Die nüchterne Mehrheit ist drogensüchtig..., nach Egoismus und Gier, leider. Die meisten *Klicks* und *Likes* kriegt das falsche Licht an der Oberflächlichkeit.

Goldkette, Arsch wackeln und alle denselben Haarschnitt. Oder starres Spießbürgertum aus Angst vor Veränderung. Quantität spielt die größte Rolle zur Zeit. Selbstgespräche werden das Mitleid der Zukunft. Smarthühner und Smarthähne unterhalten sich per Smartphones, anstatt mal wieder einen Baum zu besteigen um miteinander zu reden.

Fragt die Bäume, des *Blablas am bla, bla, bladios.* Die haben wenigstens Geduld und hören gut zu. Ohne Wurzeln keine Äste. Als kleiner Junge spielte ich gern im Alstertal. Da war ein

Abenteuerspielplatz, die *Löwenschlucht*.

Da hatten Eltern im nördlichen Villenbezirk Alstertal eine Schlucht gerodet, hatten einen Verein gegründet und mit den Kindern zusammen eine Waldidylle geschaffen, die nach Abenteuer, Wildheit und hin und wieder auch nach Dorfessfrieden roch: Ein Indianerfort mit Palisadenzaun entstand, hölzerne Bahnen, Leiterwagen, Gummireifenschaukeln und Kletterbäume waren der Rahmen für Spielideen, die auch größeren Kindern Begeisterung entlockten.

Es kamen die Kinder in Scharen. Per S-Bahn, mit und ohne Eltern, ganze Schulklassen rückten an. Mit *Häschen in der Grube* hatten wir Jungs auch immer viel Spaß, ohne Smartphones.

Aber schon bald tauchten auch Erwachsene auf, die Ruhe forderten, die Kinder weg scheuchten, wenn sie „nicht aus dieser Gegend stammen", und die schließlich Beschwerden ans Bezirksamt richteten,

um der Menschlichkeit ein Ende zu bereiten. Die
Hure Babylon, mit ihren egoistischen *Flatter, Pömps
und Plunder*, hatte mal wieder zugeschlagen. Die
gesunden Früchte wurden verboten.

Jetzt wird es etwas hieroglyphisch..., denkt der
geneigte Leser.

Der *Urknall* iss noch viel mehr als ein Anfang. Die
Ichbezogenheit scheint ein Klick entfernt zu sein,
vom Menschen zum Affen. Das berühmte
Gegensätzliche, auf und mit der Zeit, zurück zum
Urknall. Was verdammt nochmal war zuerst da, das
Huhn oder das Ei? Fragt die Brüder von Adidas und
Puma, isso!

ES ist der geglaubte Zufall, auf eine kosmisch
bestimmte, schicksalhafte Gewissheit. Da gibt **ES**
etwas..., im Unendlichen, das benutzt nicht nur die
Gallerenschiffe, sondern auch uns rudernde Insassen.
Lange vor der Geburt von Zeit und Raum.

Aber dazu später mehr.

Viel Spaß beim (rein-)lesen, ohne Jucken am Ego.

Mein jetziges Sein ist aus Scham entsprungen und geprägt worden. Ich habe irgendwann in meiner Entwicklung nix mehr an mich heran gelassen, aus Schutz vor seelischer Verletzung.

Das hat sich bis heute, *Gott sei Dank*, fast ins Gegenteil umgekehrt.

Demut ist das Gegenteil von Scham. Wir meinen oft, ein demütiger Mensch zu sein hieße, dass man sich selbst verachtet und schlecht von sich selbst redet, aber das ist keine Demut. Demut bedeutet andere aufzurichten. Demut heißt, verletzlich sein.

Die Demaskierung einer scheinbaren Ordnung liegt mir am Herzen. Ich schreib einfach auf, was ich empfinde, fühle und denke. Ich kritisiere mich wohl auch selbst hiermit, sozusagen frontal aus dem Hinterhalt.

Dieses Testament ist eine Form der Verfügung von Lebens wegen, es soll nachdenklich machen.

Das *Neue Testament* ist über 500 Jahre alt, da hört doch kein Smarthahn, kein Smarthuhn und kein Smartphone mehr hin! Ein *Hashtag* verbindet sie alle, bei aufgepumpten Reifen in Blechdosen, Rush-Hour is dabei egal. Hauptsache dabei sein! So geht das nicht immer weiter. Die digitale Überflussgesellschaft frisst uns auf.

Ein demütiges, reichhaltiges Armutszeugnis muss her, ISSO!

Ich kauf mir heute auch viele bunte *Smarties* wegen der Schwarzmalerei von Besserwissern. Hinterher ist alles vorher gewusst!

Ein Ernst oder Unernst, als ein von *Ernie und Bert..., und Genommenes zum Bleistift*, z.b erfolgreicher Schriftsteller zu werden, ist dabei nicht nicht mein Wunsch und keine egoistische Motivation.

So soll *ES* geschrieben werden, sagt mir mein inneres, demütiges Ego. Religiöse Wahnvorstellungen haben in mir keinen Platz, als Info für die Klugscheißer.

Dann bin ich mal weg…, ja! Harpe Kerkeling hat auch so ne Nummer gefühlt. Was macht der TV-Star, der homosexuelle Komiker, sich auf einmal auf den Weg, fast zölibatisch Pornös. Ist das nicht merkwürdig?

Ne, is *ES* nicht! Ich hab mal bei Youtube geguckt und siehe da, er hat so verdammt wenig Zugriffe auf seine gute Botschaft, dass mir mal wieder innerlich schlecht wird, über die oberflächliche Empfindungsfähigkeit der ferngelenkten *Rush-Hour* Blechdosen-Lenker.

Jeder will nur seine eigene Sekunde erhaschen und notfalls dabei Fußgänger überfahren, auf Ego-Trip, ins Hauptsache….*Ich* und sonst gar nix erst mal.

Beziehungen zu anderen Menschen aufzubauen, sich in Gruppen zurechtzufinden, sich zu behaupten und dabei trotzdem Rücksicht zu nehmen, mit weniger auskommen wollen und können – all dies müssen wir hinterfragen, vielleicht sogar wieder ganz neu lernen.

Tami und Buster, meine alten Kumpels hatten recht. »Schreib deinen Scheiß auf! Das ist authentisch, das wollen viele lesen!«. Letztendlich am Anfang ist bzw. war das sogar mein Schicksal. Ich schreib meinen *Krimskrams* auf und jeder geneigte Leser findet dort etwas, für sich selbst innen drinnen oder außen herum..., dideldumm.

Ich möchte auch *ewige Themen* berühren. So habe ich mich selbst gefragt, ...wie weit geht die Frage nach totaler Sicherheit, von der Geburt bis zum Tod? Die eigenen Gedankenströme ganz egoistisch zu Papier bringen, bevor ich das Zeitliche segne. Tue ich mir und den Menschen damit etwas an? Nein..., was in fremden Köpfen abläuft, ist ja nicht unser Problem.

Jeder liest oder hört auf eigene Gefahr! Der

Zensurmeister sind wir nämlich selbst! Wer nähmlich mit H schreibt ist dämlich.

Man lernt sein Leben lang, das ist ja auch das Schöne daran.

Und nochmal..., für die Skeptiker! Ich will hiermit, mit meinem Geschreibsel, keinen Preis gewinnen, ne Krone kriegen oder sonst was *abgenuggelt* bekommen.

Auch keinen Grünrasen begolfen, wo ich am letzten Loch einputten kann, auch wenn das - Oh Himmel-, so schön ist!

Gottes Wille... Teufels Beitrag

Uneigentlich hätte ich lieber den Kelch des Sülzbechers an mir vorüber gehen lassen. *Is aber nicht.* Nun trinke ich ihn aus und rülpse euch prostend dazu. Über den Dingen stehen, ist fast unten drunter. Grade biegen ist auch ne verdammt krumme Nummer.

»Du bist ganz allein und da ist keine Liebe,...Du bist ganz allein und da ist kein Glück, ...denn eines Tages, wird kein Wunder geschehen und kein Traum wird war.«

Ja, das habe ich früher oft lautstark aus mir heraus gesungen. Ne, eher *krakeelt*, im Vollsuff, in irgendeiner *Kaschemme*, in einem Lokal mit zwielichtigen Ruf.

»Pat, du hast Es verdient!«

Ja, hab' ich auch. Die Strafe und das Vergnügen.
Ich habe meinen Kopf ganz tief in die Scheiße
gesteckt. Nach Würmern und Maden darin gebohrt,
um den Dreck ans Tageslicht zu bringen, um die
Traumatas, nicht nur meiner Kind- und Jugendzeit,
zu bewältigen.

Ich wollte meine Gedanken- und Gefühlswelt frei
lassen. Mir ist bewusst, dass die moralisch relevanten
Eigenschaften eines Menschen sehr stark von seinen
Denken und Fühlen geprägt sind.

Die Erfahrungen und Erinnerungen, an die
Kindheit und Jugend, sind die Prägeanstalten. Ob
eine Münze wertvoll oder scheinbar wertlos wird,
entscheidet sich dort, der Prägeanstalt des Werdens,
nicht des Seins!

Sein.., kann aber.., labalaba auch noch werden.
Gib niemals auf, wie der Frosch im Maul einer
Storchenmama, die auch nur ihre Kinder versorgen

will. So fühlte ich mich, im Nachhinein, sehr oft!
Eben wie ein chancenloser, quakender Frosch. Quak,
Quak.

Aber auch eine scheinbar wertlose Münze kann
sehr teuer werden. Selbst ein Cent wird einzigartig,
wenn alle ihn nicht achten, wegwerfen. Es gibt
Prägungen die sind so selten geworden, im Laufe der
Zeit, aus Unachtsamkeit des scheinbar Kleinen,
..scheinbar Wertlosen, ...die kosten heute ein
Vermögen, weil sie verdammt selten geworden sind
und etwas einzigartiges an sich haben.

So ging das auch mit meinem Selbstverständnis.
Ich habe im Laufe der Zeit meine negative
Grundeinstellung zum Leben in eine positive
Aussicht verwandeln können.

Mein Antrieb, mein Ziel wurde mir immer klarer.
Ich möchte die Gedankenwelt, meine eigene und die
der Menschen ein bisschen verändern. Hin zum

Positiven. Mehr Menschlichkeit aus ihnen herauskitzeln, so wie es mit mir selbst gelungen ist.

Das passiert nicht von Heute auf Morgen, es sind Prozesse. Es sind kleine Schritte, die einen sehr langen Weg beschreiten.

Es gibt eine Geschwindigkeit dieser Prozesse, die ist nicht so leicht physikalisch messbar, wie ein 100-Meter Lauf. Nein! Es ist die Entwicklung des Bewusstseins. Dieses Fortschreiten, an der Zeit gemessen, unterliegt ganz anderen Gesetzen.

Eine Schildkröte z.B. kann in unendlich langer Zeit, einen weiteren Weg zurücklegen, als ein durch trainierter Manager beim VW-Konzern. Sie hat eben mehr Geduld beim Überholen.

Es ist ein Kreuzverhör des Bewusstseins. Ein höheres Gericht. Die Jury, die Geschworenen, wie in einem Strafprozess, sind wir selbst. Wir stehen vor unseren inneren Augen, vor dem Angesicht unserer Seele.

Das ist schwer. Wer will das schon? Wer will sich dafür anstrengen? Wer will sich so entblößen und die angenehmen Masken, die Fratzen des Selbstbetruges, die scheinbar angenehme Komfortzone fallen lassen?

Ich bin oft sehr weit weg, bei mir selbst. Irgendetwas hab ich überschritten, i don´t know what..., für nicht Englisch sprechende Leser heißt das so viel wie…, ich weiß nicht was. Ich will auch sehen was *hinter den Kulissen* steht. Deswegen schreibe ich meinen Scheiß mal auf.

Mir geht z.b die digitale Überflussgesellschaft schon lange auf die Nerven, als IT-Fachmann kann ich einiges darüber berichten. Man kann die Menschen zwar nicht zwingen, mit weniger zufrieden zu sein, aber ich versuch´s hiermit mal.

Mein innerer Wunsch dieses Buch zu schreiben,

der Auslöser, wahr wohl mein Rollerunfalll am
22.07.2018. Das Hamburger Abendblatt schrieb.

**Betrunkener Rollerfahrer baut Unfall nach
Stinkefinger!**

*Hamburg. Ein betrunkener 57 Jahre alter
Rollerfahrer hat in Fuhlsbüttel Autofahrer beleidigt,
anschließend einen Unfall verursacht und damit für
eine Sperrung Flughafen-der Umgehung Fuhlsbüttel
(B 433) gesorgt.*

*Nach Angaben der Polizei war einem Autofahrer
am Freitagnachmittag der Rollerfahrer auf dem
Swebenweg aufgefallen, weil er in Schlangenlinien
fuhr. Diese äußert unsichere Fahrweise hielt ihn
auch nicht davon ab, an einer Ampel zwischen Autos
vorbeizufahren.*

Während der Fahrt kurbelte dann der Zeuge das Autofenster runter und sprach den offensichtlich betrunkenen Rollerfahrer an. Laut Polizei hat dieser den Autofahrer nur ausgelacht, ihm den Stinkefinger gezeigt und ist weitergefahren.

Auf der Umgehung Fuhlsbüttel hielt der Rollerfahrer dann plötzlich auf dem rechten Fahrstreifen an. Der Autofahrer, der inzwischen die Polizei alarmiert hatte, wollte offenbar andere Autofahrer vor dieser Gefahrenstelle warnen, hielt hinter dem Roller und schaltete das Warnblinklicht an.

Doch der Rollerfahrer setzte plötzlich seine Fahrt fort und wechselte sofort auf die linke Fahrbahn. Dabei kam es zu einem Zusammenstoß mit einem Citroën, der in Richtung Flughafen fuhr. Der 57-Jährige stürzte und erlitt leicht Verletzungen. Laut Polizeibericht zog er sich Platz- und Schürfwunden

*zu, die ambulant in einem Krankenhaus behandelt
wurden. Für die Bestimmung des Promillewertes
wurde ihm dort auch eine Blutprobe entnommen.*

*Für die Unfallaufnahmen musste die Polizei die
Umgehung Fuhlsbüttel stadteinwärts zeitweise
sperren.*

Den Unfall interpretiere ich heute als Gottes Wille
und Teufels Beitrag. Teufels Beitrag, weil ich
überhaupt mit meinem Roller besoffen durch die
Gegend *geknattert* bin.

Gottes Wille, weil niemand zu Schaden gekommen
ist, inklusive meiner Selbst, bis auf ein paar
Schrammen, den Führerscheinentzug und ein Haufen
Geld. Mit dem Teufel spielt man eben nicht.

Was war geschehen? Was für eine Frage! Mein
ganzes, bisheriges Leben war geschehen.

Gedankenströme und Gefühlsgedanken.

Besser ist es nun den Verstand ein wenig herunterzufahren. Ich schreibe meine eigenen *Gefühlsgedanken*. Da ist kein Platz für Logik, für allgemeingültige rote Fäden oder sonstigen Erwartungshaltungen.

Dieses Kapitel dient als Background für den Leser: *Warum bin ich so, wie ich bin heutzutage?*

Der Teufel is meine heimliche Liebe, weil ich mich gerne mit ihm anlege. Er putzt ständig das Glatteis, auf dem wir ausrutschen sollen. Ist ein bisschen langweilig geworden mittlerweile. Ich kenne seine Tücken und Stechmücken in- und auswendig.

Macht *uneigentlich* keinen Spaß mehr, der Kampf mit dem Bösen. Da greif ich lieber Mühlen an, die sich durch die Kraft des Windes drehen lassen, durch den Wind der Veränderung, sog. Windmühlen, isso!

Fragt notfalls rollende Steine: *Sympahty for the*

Devil, ...hope you guess my name. Hoffentlich erinnert sich der Teufel dann noch an meinem Namen.

Die *Mischpoke* is ne gesunde Mafia. Gut und Böse bekämpfen sich nicht, sie brauchen sich vielmehr füreinander, genau wie Mann und Frau.

Vielleicht gibt es auch eine kleine Antwort, eine klitzekleine Offenbarung auf die Frage: Werden und Sein, wieso, weshalb warum, wer nicht fragt bleibt dumm.

Viele, die mich schon lange kennen und immer noch Angst vor sich selbst haben, nehmen nicht *mehr* ab, als sie selbst zu ertragen und zu ertränken, zu haben und zu gedenken bereit sind.

Der Baum des Lebens ist bei mir eine gemütliche Trauerweide, unter der ich mir das an einem lauen Sommerabend bequem machen kann.

In meinem 1. Klasse Zeugnis hatte mein

Klassenlehrer, Herr Kröger, mich schon sehr treffend beschrieben: Hier der Text wegen schlechter Lesbarkeit meiner uralten Zeugniskopie:

Pat hat sich im Laufe des Jahres in seinen Leistungen sehr gesteigert. Er ist ein eifriger, interessierter Junge.

Lebhaft beteiligt er sich am Unterricht. Sein Wortschatz ist noch eng begrenzt. Häufig behilft er sich mit treffenden Gesten. P. führt seine Hefte jetzt ordentlicher. Auch seine Hausaufgaben macht er sorgfältiger.

Geübte Geschichten liest P. fast immer fließend und mit ausdrucksvoller Betonung. Seine Diktate weisen noch einige Fehler auf.

Seine zu Beginn ungelenkte Schrift hat sich wesentlich verbessert. Rechnen kann P. gut. Er löst alle geforderten Aufgaben.

Im Malen tat sich P. zunächst schwer. Jetzt aber liefert er schon recht ansprechende Bilder. Pat spielt und turnt sehr gern. Er gehört zu den Besten, ist äußerst geschmeidig, flink und ausdauernd.

Sehr geschickt geht er mit dem Ball um. Pat singt gern.

Versetzt nach Klasse2

Die Grundschule war für mich jeden Tag wie ein Abenteuer. Ich hatte immer einen *Schalk* im Nacken und genug Selbstvertrauen um anderen einen Streich zu spielen.

In der Pause lieferte ich meinem Lehrer, Herrn Kröger, mal einen Steilpass mit einem Tennisball, den er eiskalt mit einem Schuss in ein Glasfenster verwandelte. Die Scheibe ging zu Bruch und ich war diesmal nicht schuld!

Herr Krögers Lieblingsfach war Sexualkunde, was mir auch sehr interessant vor kam und gefiel. Er hatte selbst 4 Söhne und wusste wovon er sprach. Ich glaube, im Nachhinein, war es schon sehr ungewöhnlich in der Grundschule so einen ausführlichen Unterricht in Sachen Sexualität zu bekommen. Aufpassen war da überhaupt kein Problem!

Meine 2 Jahre ältere Schwester Bärbel, *Bärbelinchen* nannten wir sie, ging mit mir zeitgleich auf die dieselbe Schule Hinsblek.

Das hatte auch viele Vorteile. Sie war sehr beliebt, besonders bei den Jungs..., und das nutzte ich weidlich aus. Wenn ein älterer Bursche an meine Schwester ran wollte, ging das nur über mich. So hatte ich immer eine ganze Bande hinter mir, wenn es Ärger gab.

Das merkten natürlich auch meine

Klassenkameraden und behandelten mich entsprechend anständig. Es gab schon seltsame Vorgänge in der Grundschule, die durch Einschüchterung oder konkretes *Armumdrehen*, durch die von mir beauftragten *Größeren*, für mich gelöst worden sind.

Ich hatte nie wirkliche Angst, das fehlt mir heute immer noch. Angst is nämlich wichtig. Dann funktioniert man besser, zumindest im Alltagsleben, im Gleichstrom der Massenbewegungen auf dem Weg zur Arbeit und selbst bei derselben.

Auf Dauer…, essen Angst zwar Seele auf, aber…. blablabla...bladios…, im Alltagsleben ist sie schon sehr sinnvoll.

Man schwimmt dann mit, fällt nicht auf, eskaliert nicht mit Abweichungen von eingefahrenen Mustern, die alle, zur Zeit besonders meine Nachbarn, von jedem erwarten.

Ich passte und passe nirgendwo so richtig hin oder rein, war schon immer so.

Damit musste ich lernen zu leben und wird mit zunehmenden Alter immer leichter, finde (d)ich.

Angst ist gefährlich…, bzw. das, was dahinter steckt. Wenn man genug Geld zur Verfügung hat, kann sich jeder getrost und einfach auf seine Ängste einlassen, ihr sogar den Stinkefinger zeigen!

Mir ist das leider nicht vergönnt. Ich *krebse* so herum. Lebe mittlerweile von Hartz4 und schreibe hier und da mal ein Buch.

Die eigene Wertschätzung ist wichtiger, als alles Geld der Welt. Sonst hätte ich mich wohl schon hinter einen Zug geschmissen.

Immerhin habe ich schon 40 Ebooks und 6 Hörbücher herausgebracht, als Selfpublishing Autor im Genre Erotik! Jeder bleibt was er ist. Egal was er an- oder auszieht. Ich bin ja auch eher ein fleißiger, engagierter Teilnehmer des Lebens.

So habe ich, mit meiner Schreiberei, wenigstens einen kleinen Weg gefunden, meine Zeit im Überfluss zu nutzen.

Die Umsätze reichen aber noch lange nicht, um mich so richtig mit dem Leben zu (be-) streiten.

Weniger ist mehr..., rede ich mir gerne ein. Da ich nix hab, bleibt mir wohl auch nix anderes übrig. Das macht aber nix. Zumal ich ja nicht immer so mitten im *Abseits* stand mit meinem Lebenswandel.

Abseits ist auch so ein Schlüsselwort. Ich hab schon immer ganz gut und virtuos Fußball gespielt. Wie im Zeugnis erwähnt, ich gehörte zu den Besten.

Abseits wird ja normalerweise abgepfiffen. Eine Spielunterbrechung ist die Folge. Das gefällt mir im übergeordneten Sinne des Daseins aber nicht. Hat es noch nie getan. Ich spiel einfach weiter und ignoriere das Richten und die Schiedsrichter des Lebens.

Virtualität, lateinische Wort virtus (Tugend, Tapferkeit, Tüchtigkeit, Kraft, Männlichkeit), ist da schon sehr hilfreich und gefragt.

Es ist die Eigenschaft einer Sache, nicht in der Form zu existieren, in der sie zu existieren scheint, aber in ihrem Wesen oder ihrer Wirkung einer in dieser Form existierenden Sache zu gleichen.

Dem Philosoph ist nix zu doof, also keine weiteren wissenschaftlichen Erkenntnisse mehr, sondern lieber konkrete Alltagstaten, die die Sache und mich umschreiben!

Oh Gott, hab grad mit Tami, meinem besten Freund, gesimst. Seine Mutter ist heut morgen gestorben. Sie war über 90 Jahre alt, aber wenn *ES* soweit ist, wird einem schon ganz komisch. Der Tod wird zumeist verdrängt, dabei ist auch er ein Teil des Lebens und wird uns alle irgendwann einholen.

Mir haben Gedanken an den Tod immer sehr

geholfen, die täglichen *Lebensdinger* nicht zu überschätzen. Das macht viele Ängste kleiner und das Hier und Jetzt stellt sich in den Vordergrund. Was nützen alle angesammelten Eigentümer schon, wenn man den Körper verlässt!

Die Vergänglichkeit ist die Eigenschaft von etwas, vergehen zu müssen. Als Eigenschaft der materiellen oder auch aller Dinge ist sie ein wichtiges Motiv in Kunst, Philosophie und Religion.

Nun ja, das muss ich heute erst mal schlucken. Es gelingt mir aber immer besser mal loszulassen, mich nicht an etwas zu klammern oder hinterherzujammern.

So, jetzt bin ich wieder im realen Leben. Habe 2 Tage mit schreiben pausiert, ging mir doch sehr nahe der Tod einer Mutter. Ich hab ja auch eine ganz liebe Mutti, die soll noch sehr lange da sein.... so Gott will.

Meine Mutter war es auch, die mich nach der

Grundschule auf´s Gymnasium geschickt hatte. Sie war wohl der Meinung, das wird schon...mit dem Sohn.

Recht hatte Sie!

Bei der Einschulung bekam sie aber einen Schreck. Der Schulleiter, *Herr Dibbern*, eröffnete seine Ansprache mit außergewöhnlichen Methoden der Schulphilosophie:

»Die Schüler sind nicht hier um zu lernen, sie sind hier um das Lernen zu erlernen!«

Meine Mutter ist eine eher konservative Urgestalt mit sehr viel bodenständiger Kultur. Eine *Laissez-faire* Einstellung sah sie eher nicht im Schulbetrieb.

Laissez-faire (französisch laissez-faire = „lassen Sie machen, lassen Sie laufen") ist ein französischsprachiger Phraseologismus. Er dient insbesondere als Schlagwort des Wirtschaftsliberalismus des 19. Jahrhunderts für eine

von staatlichen Eingriffen freien Wirtschaft sowie als
Schlagwort für das Gewähren lassen, für die
Nichteinmischung etwa in der Kindererziehung und
setzt damit bewusst auf den Verzicht von Regulation,
Grenzen oder Vorgaben.

Diese Geisteshaltung wird oft mit dem
Liberalismus und Libertarismus in Verbindung
gebracht.

Diese Laissez-faire Philosophie hat bei mir Spuren
hinterlassen..., hat mich sehr geprägt. Unser
Gymnasium war sehr verrufen für die
Freizügigkeiten, die Schüler und Lehrer hatten!

Ich schaffte es schließlich bis hin zum Abitur mit
den Hauptfächern: Biologie, Erdkunde und mit den
Wahlfächern: Kunst, Mathematik.

Damit hatte ich schon viel abgedeckt, dachte ich.
Ein bisschen Wissen... von dem Boden auf dem wir
uns bewegen, von der belebten Natur in der wir

leben, etwas Kunst und natürlich alles ausrechnen können.

»Was soll ich bloß machen nun?«..., war meine wesentliche Frage nach dem *Abi*.

Die Entscheidung fiel auf ein BWL Studium. Nach Erörterung meiner Zukunft mit den Eltern meiner damaligen Freundin, die hatten oberflächlich Recht…, mach was sinnvolles.… und so weiter.., hab ich meinen akademischen Grad als Diplom-Kaufmann abgeschlossen. Meine Diplomarbeit war immerhin etwas besonderes: *Marketing für EDV-Software.*

Oskar nervt! Unseren Wellensittich, in meiner ersten Wohnung mit Freundin und späteren Ehefrau, hatten wir Oskar genannt.

Beim studieren von *hieroglyphischem Kauderwelsch* über Gewinn- und Verlustrechnung und so, fand regelmäßig eine Begattung auf meinem

Kopf statt. Täter war Oskar. Mit ausgebreiteten

Flügeln versuchte er sich mit mir zu vermehren. Und

das obwohl ich ein Mann war und er auch.

Schimpfend...>>Verpiss dich Oskar!<<,

verscheuchte ich das Ablenkungsmanöver. Später

haben viele geschmunzelt, wenn er zufrieden und

aufgeplüstert vor sich hin zwitscherte und dabei

genau solche Texte aus seinem Schnabel sprach.

Damals steckte die digitale Welt noch in den

Kinderschuhen. Es gab fast keine Literatur, kein

dokumentiertes Wissen darüber. Ich sammelte meine

Diplomarbeit aus allgemeinen, bodenständigen

Grundlagen und aktuellen Fachzeitschriften

zusammen. Das Ergebnis war die Note Gut!

Ich hatte damals schon ein Faible für Computer

und dem kommenden Internet.

Ich bin drin..., die damalige Werbung mit Boris

Becker klingt noch heute in meinen Ohren, wie er

sich ganz stolz, mit einer langsamen Modemverbindung, ins AOL Netz einwählte.

Nach dem Studium, mit kleinen Techtelmechteln und Anfangsschwierigkeiten, landete ich im Controlling bei der AKN. Ein guter, sicherer Job. Da hätte ich auch sitzen bleiben können bis zum umfänglich finanziertem Rentenalter.

AKN ist den Menschen jeden Alters ein Begriff.. wird von den Gesellschaftern Hamburg und Schleswig - Holstein zumindest behauptet. Für die wenigen, die es dennoch nicht wissen sollten, die AKN betreibt Linien im Hamburger Verkehrsverbund (HVV), transportiert eben einige Menschen hin und her.

So *peu à peu* ging mein Werdegang vom Controlling hin zum Manager in der IT-Abteilung. Der Hype der Digitalisierung bewog mich nach 7 Jahren AKN in der IT-Branche selbstständig zu machen.

Da habe ich dann, anfänglich recht erfolgreich , 15 Jahre verbracht und mit einem Insolvenzverfahren beendet.

Mit der Weggabe meiner materiellen Existenz begann eine wirklich wundersame Verwandlung.

Ich hätte es nie für möglich gehalten so ganz ohne tägliche Beschäftigung auskommen zu können. Zumal ich schon immer ein eher aktiver Bestandteil der Gesellschaft gewesen bin.

Hier beginnt auch erst die eigentliche Geschichte, die ich erzählen möchte. Es ist tatsächlich möglich zufrieden zu leben, ohne materiellen Illusionen an- und nach zuhängen, mit sehr wenig aus zukommen.

Bleib stehen... bist schon da... , das ist die Offenbarung, die mich bis heute begleitet, die ich mitteilen möchte.

Ist mir irgendwie in die Wiege gelegt worden,

wenn ich gut drauf bin, kommen viele mit ins gleiche Boot. Ich rudere dann sehr gerne, frag *Captain Hornblower*, bei dem hab ich mal als Praktikant in der Kombüse gearbeitet... :-).

Ich mach dann nicht den Fehler, aus Mosaiksteinchen ein schönes, steinernes Teppichmuster zu knüpfen. Nein, bringt nix sich dabei die Fingernägel abzubrechen. Freue mich einfach dann, im Hier und Sonst wo, Hauptsache gut fühlt *ES* sich an.

Dann kann man auch den Rest des Kadavers überleben. Letztes Jahr hab ich eine Zitronensaftkur gemacht und ein Tagebuch darüber verfasst. Hier ein Auszug:

Bevor wir sie als schönste Falter bewundern können, durchleben Schmetterlinge die Verwandlungsphasen (Metamorphose) vom Ei über die Raupe zur Puppe und schließlich zum

Schmetterling. Wie lange das jeweilige Stadium dauert, ist von Art zu Art unterschiedlich und hängt auch von äußeren Bedingungen, wie Temperatur, Jahreszeit und Licht ab. So ist es auch mit uns Menschen. Auch wir durchlaufen verschiedene Phasen in unserem Leben..., je nach Herkunft, Umgebung, Ernährung, innerer Einstellung und Entwicklung. Mein Ziel war es, mit der Zitronensaftkur, der Master Cleanse Diät, zum Schmetterling meiner selbst zu werden, zum Iron Butterfly, dem eiserner Schmetterling. Diese Metapher hat mich die ganze Zeit bei der Kur begleitet.

So widersprüchlich der Name auch klingen mag, der innere Falter kann ein eiserner Fels in der eigenen persönlichen Brandung werden. Ich wollte meine (seelischen) Gesundheitsbemühungen nicht mehr auf einen anderen Termin verschieben. Die Kur war für mich ein Crash-Kurs meiner Persönlichkeitsentwicklung.

Es sind die täglichen, kleinen Geschichten des Lebens, die ich seitdem viel intensiver und offener wahrnehme, die mir Freude bereiten, die ich niemals mehr vermissen möchte, bis zu meinem Ableben.

Ich war schon immer so, wie ich jetzt mittlerweile bin. Möchte auch gar nicht anders sein, isso.

Und das Allerwichtigste..., ich muss mich nicht mehr weiter vermehren. Gott sei Dank!

Das übernimmt Nina ja, meine Tochter, und mein Sohn Jamie, den ich nach 20 Jahren vor kurzen das erste Mal live gesehen und erlebt habe. Beide habe ich unendlich lieb!

Die Gene sind impliziert, im Sinne von Charles Darwin, *the show must go on*! Meine Tochter ist ein richtiger Engel. Das war sie schon immer. Sie hat als Baby auch anständig *genuggelt*. 6 Monate konnte sie sich an Mamas Brust anschmiegen. Sie sah aus wie ein *Michelin Männchen*, so fett..., so rund und gesund strahlte sie es heraus.

Später hatte sie 11 Schnuller in ihrer Sammlung. Einen wollte sie nicht abgeben, den hatte sie vorsorglich gut versteckt. Ihr Lieblingsschnuller, ein gelb-blauer.

Heute ist sie erfolgreich, sehr hübsch, schlank und außerordentlich zufrieden, mit sich und der Welt.

Jamie lerne ich grad erst richtig kennen, aber sehe mich selbst in seinem Wesen. Wer schaut nicht gern in den Spiegel, wenn man sich wohl fühlt?

Ich sehe lieber was auf mich nicht zu kommt und sei *Es* alles Nix, ich liebe daher die *kosmische Logik*! Ohne Logik könnte ich gar nicht mehr sein. Die Logik ist mein letzter Rettungsanker. Ohne sie, würde ich einfach wegfliegen und mich dem *Club 27* anschließen wollen.

Club 27 sind allerdings, mit 27 Jahren, zu früh verstorbene, die außergewöhnliches musikalisch zustande gebracht haben. Einige Namen: Jimmy Hendrix, Jim Morrison, Janis Joplin, *Shotgun Curt* Cobain, Amy Whinehouse um nur einige wenige zu nennen.

Ich hab's aber auch verpasst einen Club 54 zu gründen, da ich mich nun schon im 59' ten Lebensjahr befinde.

Aber was ist Logik, die kosmische?

Logik ist für mich, versteckte Hinweise zu entdecken, die eine nicht menschliche Kraft für uns versteckt hat. Wohlweislich, dass wir nicht *Rumpelstilzchen* sind, laut ums Feuer tanzend und singend, und damit so schnell gar nicht klarkommen würden.

Es sind die Spiegelbilder der *Till Eulensteins* und der bösen *Königin Ravenna*, die der hübschen

Schneewittchen den vergifteten Adamsapfel gab, weil sie sich selbst nicht loslassen konnte, von ihrem hässlichen Ego der garantiert ist!

Mit mathematischer Gewissheit keine falschen Schlussfolgerungen zulassen, wo Wahrheiten eben klar und endgültig sind! So, wie ein ISSO!

Rückblicke auf Niederlagen bauen mich inzwischen auf. Wir sollten nicht immer fragen:

>> Wie wars?<<

Lieber erkundigen:

>> Wie is?<<

Dazu gehört aber mehr Anteilnahme und wirkliches Interesse an einem Menschen. Nicht nur ein *Alibigesülze* aus *Egoanstand.*

Leere Phrasen umschwirren uns schon genug, wie die Motten das Licht und wenn sie verbrennen, dafür kann ich nix. . Es gibt nun schon sogar mitdenkende Helme!

Wie schön, dass wir bald kein Gehirn mehr brauchen um nachzudenken, warum Schlagerstars von DSDS sich von einem Luxusdampfer stürzen und ersaufen wollen. Wir sind digital total übersäuert und haben unsere menschlichen Wurzeln vergessen.

Elektronische Kuscheltiere zum umarmen gibt's jetzt auch. Wir umarmen uns ja nicht mehr. Der Friedhof der Kuscheltiere!

Wer küsst uneigentlich noch wen?

Die Hoffnung stirbt zuletzt..., ist auch so ein Spruch und stimmt gar nicht! Die Hoffnung braucht ein Ich, einen Körper, einen Geist, ein Bewusstsein.

Dieses *Ich* stirbt zuletzt. Die Hoffnung geht nur, kurz vorher, mit dem Körper unter…, und *Captain Hornblower* setzt neue Segel.

Ich hab schon viele Irrfahrten hinter mir, hocke nicht auf scheinbar sicheren *Egoeiern*. Auch keinen emotionalen. Aber wie Odysseus gebe ich nicht auf,

auf der Suche zu bleiben, egal was zu finden ist.

Auch wenn ich den *tok, tok, tok* Vogelfinger am Kopf gezeigt bekomme und nur noch Vögelchens leise dazu zwitschern. Nutze den Tag, Carpe diem!

ISSO! ISSO!..ISSO-DIN-Norm als Maßeinheit.

Weniger is mehr. Positiver Vorwurf

Weniger is mehr! Gibt das Sinn? Ja, Sinn ist das laufende Aktualisieren von Möglichkeiten. Ein Funktionszusammenhang also, welcher sich durch Abgrenzung von der Umwelt selbst im Zustand einer stabilen Ordnung hält.

Ein System, auch ein einzelner Mensch, muss demnach primär zur aktiven Erzeugung und Gestaltung von speziellen Grenzen fähig sein. Diese Grenzen haben wir längst überschritten. Konsumterror und Überschwemmung bestimmen heute unseren Burn-Out Alltag.

Ich komm mir oft vor wie eine Amöbe im Ozean der Zeit. Menschen sind überall. Alle überall! Ich mag lieber leere Briefkästen, da ist schon mal keine schlechte Post drin.

Habt ihr schon einmal einen Wal grinsen gesehen?

Er und Sie, die *Walin* auch, sind die größten Säugetiere unserer Welt, und die ist klein.

Die Wale machen auch so schöne Geräusche unter Wasser, auch bei der Fortpflanzung. Man könnte meinen es macht ihnen Spaß sich zu vermehren. Es hat aber nichts mit Lust zu tun, auch wenn sie dazu gehört. **ES** ist vielmehr eine Einrichtung der Schöpfung, damit neue Grenzen gefunden werden können.

2 Drittel der Erde bestehen aus Wasser, auf dem letzten Drittel des Ganzen, markieren viele mit ihren Auto-Blechdosen ne große Schnauze in der Rush-Hour, um sich selbst ne Sekunde abzugewinnen beim verlieren.

Der Mensch verliert tatsächlich gegen seine eigenen Erfindungen. Wie damals, als 1996 ein Schachcomputer von IBM, *Deep Blue RS/6000* hieß das Ding, den amtierenden Schachweltmeister Garri

Kasparow in einer Partie mit regulären Zeitkontrollen nach anfänglicher Niederlage, zwei Unterschieden und letztendlich mit einem finalem Sieg bezwang.

Das ungelenkte Dilemma sind wir alle, auf dem Ego-Weg fahren wir wie…, *Theo nach Lodz*. Keiner und keine... guckt oder fühlt richtig rein, in die *Mäusefalle auf Pigalle*.

Der Preis, der zu bezahlen ist, können unsere Kinder sein. Den sie wissen vielleicht bald nicht mehr, was sie tuten und blasen sollen, ohne Richtschnur an Leib und Seele ihrer selbst.

Eine gewisse Arroganz, soll und muss ein kleines Recht bekommen, im Sinne von *Ludwig van Beethoven* und seiner 9' ten ohne die 11, die ich immer trug, auf meinem Fußballtrikot am Rücken und Spielfeldrand.

Ich merk sofort, was oder wer etwas zu sagen hat.., umso enttäuschter bin ich, wenn ein Irrtum anfängt herum zu dröhnen. Dann werd ich immer sehr böse und abwertend. Dabei will ich doch nur lieb sein. Es versinnbildlicht die Werte, die alle nicht mehr teilen, so wie die egoistische Einheit in der Vielfalt.

Ich bin glücklicher geworden durch meine Armut! Ich lauf nix mehr hinterher. Hab den Faden verloren, muss nicht mehr an etwas ziehen! Ich hab mir genug Strohhalme gegeben. Hat mir nix gebracht, nun saug ich woanders.

Die Rolltreppe fährt für die meisten ja eh nach unten mittlerweile und schürt z.b auch den Rechtspopulismus, da bleib ich lieber stehen.

Nimm dich an, so wie Du bist, sag ich mir mittlerweile. Das ist genug Anerkennung und erfordert dann auch keine Kompensation durch Abwertung anderer mehr.

Durch unbewusste Abwertungen, besonders bei den Menschen, die ich besonders gern habe, ist viel kaputt gegangen in meinem Leben.

François Villon hab ich immer gern gelesen. *Er schrieb: ....Was ich liebte hab ich umgebracht...*

Auszug Die Ballade von den Vogelfreien

Nichts scheint mir sicherer als das nie Gewisse,

nichts sonnenklarer als die schwarze Nacht.

Nur das ist mein, was ich betrübt vermisse,

und was ich liebte, hab ich umgebracht.

Selbst wenn ich denk, dass ich schon gestern war,

bin ich erst heute abend zugereist.

François Villon, Nachdichtung: Paul Zech

In der Ballade von den Vogelfreien wimmelt es von Gegensätzlichkeiten. Diese scheinbaren Widersprüche geistern auch in mir herum, seit geraumer Zeit nun schon.

Mir wurde immer klarer, das die

Gegensätzlichkeiten einander bedingen. So, wie Tag und Nacht, Sommer und Winter, Gut und Böse. Heiß und Kalt. Hübsch und Hässlich, ja sogar, Opfer und Täter, wie der Schandfleck in einem sauberen Leben. Ein *Judas Christus* Prinzip.

Die Regeln der Gegensätzlichkeiten haben eine Indizienstruktur der kosmischen Geometrie, der Gesetzmäßigkeit des Schicksals. So wie die Proportionen des goldenen Schnitts, der auch als göttliche Proportion, *Proportio divina*, eine besondere Anziehungskraft auf die Menschen ausübt.

So..., wie das: Vom Schweigen heiser werden. So..., wie der Maler des Bildes: Die Sternennacht, *Vicent van Gogh*, der sich ein Ohr abschnitt, wegen der gelungenen Schönheit seines Bildes.

Es ist eine nicht enden wollende Suche nach Lust und Enthaltsamkeit zugleich, nach der unsichtbaren Wirklichkeit, nach wahrhaftiger, vollkommener

Schönheit und Reinheit, nach zeitloser Vergänglichkeit. Lust will Ewigkeit!

Nun aber erstmals genug mit den philosophischen Betrachtungen. Weniger ist mehr, stimmt das überhaupt?

Ich hab ne Kochstelle, einen wasserdichten, ruhigen Schlafplatz, etwas Geld zum Essen kaufen, einen Fernseher und unheimlich viel Zeit. Ist das viel?

Das muss, wohl oder Übel, jeder für sich selbst herausfinden, um nicht irgendwann, völlig unzufrieden, auf dem Sterbebett zu liegen. Ein ganz erfülltes Leben, mit vielem zu vererben hab ich und will ich auch gar nicht mehr. Mein Lebensglas ist halb voll, nicht halb leer -immerhin- isso.

Der *Kampf* mit dem Leben gefällt mir aber trotzdem. Ich war immer ein Kämpfer und sei es gegen Windmühlen wie *Don Quijote*. Die Fabel um

Don Quijote sollte nicht nur die Ritterromane parodieren, sondern auch vor Augen führen, wie deren übermäßige Lektüre den Verstand raubt. Zu viel Denken frisst den Kopf auf. *Wo ist der Schnee vom letzten Jahr?*

Bitte gib mir mehr vom Leben, vorausgesetzt ich hab Gesundheit <u>und</u> Freiheit. Ich hab mit meinem verstorbenen Freund und Schlagzeuger, Thomas Ansell, oft und lange viel dummes Zeug *gesabbelt*.

Unter anderem die Frage *verbladiosed (* kommt von *blablabladios) und erörtert..*: Was ist wichtiger? Die Gesundheit oder die Freiheit?

Weder noch eben. Uneigentlich, ganz, ganz, ganz sicher. Beides eben!

Ich möchte den Geschmack des Lebens rausholen. Kann auch mal richtig scheiße schmecken. Wo steckt er denn, der Geschmack des Lebens? In beinlosen Flamingos? In einem glatten, aufgeschlossenem

Kaktus? Die guten Vorsätze setzen uns zu und nach.

Wir lassen die Natur an uns vorüberziehen…, ist auch so ein Spruch. Es ist wohl eher umgekehrt. Die Natur rennt nicht so nervös von einem Termin zum andern.

Ob im Umgang mit Kindern, mit Kollegen und Mitarbeitern, mit alten Menschen - und mit uns selbst: Wir sind es mittlerweile gewohnt, alles als Ressource anzusehen. Kein Wunder, dass *Burn-Out* die Krankheit unserer Zeit ist, dass wir uns vor Krisen nicht retten können.

Denn auch eine Gesellschaft kann kollektiv ihre Begeisterungsfähigkeit verlieren, dann *dümpelt* man in Routine dahin, man funktioniert, aber man lebt nicht mehr.

Der bekannte Gehirnforscher und erfolgreiche Autor *Gerald Hüther* plädiert für ein radikales Umdenken: Er fordert den Wechsel von einer Gesellschaft der

Ressourcennutzung zu einer Gesellschaft der Potentialentfaltung, mit mehr Raum und Zeit für das Wesentliche.

In seiner großartigen, ganz konkreten Darstellung zeigt er aus neurobiologischer Sicht, wie es uns gelingen kann, aus dem, was wir sind, zu dem zu werden, was wir sein können.

Machen, nicht sabbeln!

Ich sitze darin und davor, wie ein Torwächter, mit dem Schlüssel für eine gangbares Labyrinth.

Aber rein stecken will ich ihn nicht. Mir reicht das Davor sitzen. Ich lächle der Tür zu, innerlich, und freue mich auf die kommende Zeit hinter den verschlossenen Türen.

Heutzutage müssen wir bezahlen, damit die unerwünschte, penetrante Werbung eben nicht rumnervt. Eingepackt in Lustigkeit kommt sie oft rüber, um uns zu verführen.

Was ist das bloß für eine absurde Logik?

Erst locken, dann frohlocken…, oder was?

Der Weg ist das Ziel, sagt man so lapidar unschön.

Nein, es ist vielmehr ein anstrengender Spaziergang durchs Labyrinth mit einem ganz bestimmten Ausgang. Der Tod ist das Ziel eines Lebens, isso!

Aber so schnell lass ich die Titanic nicht vom Stapel. Sonst geht sie wieder unter. Die Ingenieure sollen erst einmal die große Arche nach versteckten Fehlern untersuchen.

Mit dem Begriff Eigentum konnte ich sowieso immer wenig anfangen. Ich hatte es nie verstanden, warum meine Eltern einen Zaun um ihren Garten gebaut hatten. Darüber hatte ich mich schon sehr früh gewundert.

Das gilt auch für meine innere Einstellung. Ich mag keine dogmatischen Grenzen, die vorschreiben wie man zu leben hat.

Damals hatte ich viel von den kurzen Vorlesungen meiner Mutter gelernt. Besonders die freche, neugierige *Pippi Langstrumpf* und ihr Pferd - *Kleiner Onkel* -, in der *Villa Kunterbunt*, hatte es mir angetan.

Ich sagte, schon als kleiner Junge zu meiner Mutter:

Unser Haus, ist wie ein erweiterter irdische Leib. Vor wem oder was soll uns denn der Zaun beschützen? Als Menschen sind wir eh nur Zaungäste, beim Beobachten unserer Zeit.

Muttern und auch niemand anderes hatte darauf eine überzeugenden Antwort, die mich hätte umstimmen können. Ich prophezeie mal etwas ganz mutig. Es sind Gedanken aus meinem Buch: *Sponk – Zeitreisen mit Gedanken.*

Zwischen 2020 und 2032 lag es an der Tagesordnung, dass normale Bürger auf offener

Straße, beim Einkaufen, an der Ampel oder sonst wo, einfach massakriert wurden.

Die Armen hatten es satt, dem Wohlstand nur weniger, einfach nur zu zugucken. Eine massive Umverteilung des Wohlstandes war die Folge. Die Reichen konnten nicht anders, als etwas abzugeben. Ansonsten hätten sie ihre Yachten, Porsches, Flugzeuge, u.s.w selber bauen müssen. Das konnten und wollten sie aber nicht

Sag dem Teufel: *Zieh dich warm an!* Der Umweg ist das Ziel. Täuschend echt, ist ganz falsch. Die Wahrheit liegt auf der Oberfläche, tief vergraben. Die zeitlose Vergänglichkeit, das kosmische Gesetz der Gegensätzlichkeiten, holt uns bald ein. Nehmen und Geben gehört zusammen. Judas Christus.

Alles, was der Mensch insgeheim im Schutz der nächtlichen Finsternis tut, wird einmal ans Tageslicht gelangen.

Khalil Gibran

Ich fress mir mittlerweile selbst aus der Hand. Bin meine eigene *Bundeslade,* die ich mit mir herumschleppe. Mir schenkt ja sonst keiner was. Folge der Erkenntnis der Unzucht, tragt eure eigene Bundeslade...und schleppt sie anständig vor euch her, in der Hoffnung nicht zu stolpern, beim fliegen als Pilot oder im Büro mit Chip-Tradings in Hongkong auf Ego Trip.

Unschuldslämmer und schwarze Schafe

Jeder, oder wenigstens die meisten kennen den Film: *Das Schweigen der Lämmer.*

Ich schäme mich nun schon für Gott, das er nicht hilft. Das ganz Große im Kleinen. Die Diamanten werden verschliffen, aus Ignoranz zu den inneren Werten. Und nun passt mal schön auf…, selbst die Honigbienen sterben langsam weg!

Und grade die fleißigen Bienen sind es, die die Blüten bestäuben, ohne deren Früchte wir ne lange Nase machen und selbst krepieren werden.

Viele trommeln ihre *Galeere,* auf trockenem Wasser, in die falsche Richtung. Verdunsten dabei und keiner merkt etwas. Dabei sein *is* alles, oder was? Hauptsache das *Ich* locht ein auf dem Grünrasen?

Nö, jeder für sich und Euer Unser für mein *Geschreibsel.* Wir basieren auf Dingen, die wir selbst nicht geschaffen haben, die uns anvertraut worden sind. So sollten wir mit dem Geschenk des Lebens auch umgehen.

Das erinnert mich an Sodom und Gomorra.

Was jetzt folgt, ist keine religiöse Wahnvorstellung oder so. Die haben in mir keinen Platz gefunden. Es ist viel mehr eine Metaphysik mit Metaphern, die sehr gut beschreibt was passiert, wenn der Gier und dem Ego keine Grenzen auferlegt werden.

Verständnisvoller, diktatorischer Selbstschutz ist notwendig, um die Horde der Konsumgesellschaft aufzuhalten, vor ihrem eigenen Unglück, wenn sie vor dem gegenseitigen Todtrampeln bewahrt bleiben will.

Auf Gott, dem kosmischen *Eierkalli,* kann man sich eben nicht mehr verlassen. Er scheint eingeschlafen zu sein, zum Wohle der gierigen Ignoranten, die sich einen b*erlusconisch* und straffrei runterholen, bei minderjährigen Smarthühnern oder Smarthähnen, besonders in katholischen Unterkünften. Zölibatisch pornös!

Hashtag #Metoo? Ein Hashtag (Neutrum, zusammengesetzt aus engl. hash für das Schriftzeichen Doppelkreuz [„#"] und engl. tag für Markierung) ist ein mit Doppelkreuz versehenes Schlagwort, das dazu dient, Nachrichten mit bestimmten Inhalten oder zu bestimmten Themen in sozialen Netzwerken auffindbar zu machen.

Nö, das bringt auch nix. Es müssen ganz große Kaliber ausgefahren werden, damit die Nehmer etwas abgeben wollen oder besser sollten. Sonst werden sie auch geköpft wie König Ludwig XVI, von denen…, die immer *Draußen* angeleint warten sollten, aber irgendwann die Schnauze voll hatten von ihrem gefesselt sein.

Es lebe die Revolution! Freiwillig wird nix raus getan.

Wenn sich nur 10 Gerechte in dem *Ego-Kloakenpott* unter den schwarzen Schafen befinden, soll Sodom verschont bleiben, heißt es.

Nun kommt eine tolle, biblische Geschichte, die fast täglich passiert:

Um zu sehen, ob das Klagegeschrei über Sodom der Wahrheit entspricht, schickt Gott zwei Engel zu Abrahams Neffen Lot, einem gottgefällig lebenden Mann. Lot nimmt die beiden Engel gastfreundlich bei sich auf, die von den Einwohnern Sodoms als fremde Männer angesehen werden. Die Einwohner fordern daraufhin, dass Lot ihnen seine Gäste übergebe, weil

sie mit ihnen gewaltsam sexuell verkehren wollen.
Lot bietet den Sodomitern zum Schutz seiner Gäste
und der heiligen Gastfreundschaft stattdessen
vergeblich seine jungfräulichen Töchter an.

Nachdem sich keine zehn Gerechten in der Stadt
fanden und sie deshalb dem Untergang geweiht ist,
wollen die Engel ihn und seine Familie vor dem
Untergang retten und schicken sie aus der Stadt.
Sodom und Gomorra werden daraufhin von Gott
vernichtet, indem er Schwefel und Feuer auf sie
herabregnen lässt. Als Lots Frau – entgegen einem
von den Engeln ausgesprochenen Verbot – auf die
Stadt zurücksieht, erstarrt sie zu einer Salzsäule. Lot
und seine Töchter können sich in Sicherheit bringen
und werden im Folgenden von Gott beschützt.

Als Lot am nächsten Morgen aus der Stadt Sodom
Rauch aufsteigen sieht, flieht er gemäß dem
göttlichen Gebot in die Berge und lebt dort in einer

Höhle. Darauf sagen seine Töchter, dass kein Mann im Lande sei, der ihnen Nachkommen geben könnte und machen ihren Vater an zwei aufeinander folgenden Abenden betrunken, schlafen mit ihm und werden schwanger.

So weit so gut. Aber das *Teaching* (die Lehre des Loslassens) , also was dahinter steckt, is noch viel größer, als wir wohl jemals zu Lebzeiten empfinden dürfen oder können werden.

Möge die Zeit uns eines Besseren belehren. Ich freu mich schon bei so kleinen Revolten, wie die in Frankreich mal wieder. Die *Gelbjacken*, die ihren Frust massiv zum Ausdruck bringen. Mal sehen, wie weit das diesmal geht, wohin das führt.

Oder fragt die *Toten Hosen*, die ihren „Alex" so schön besungen haben, ohne zu merken, dass sie alle selbst benutzt worden sind, von ihrer eigenen Suche nach Freiheit, Unabhängigkeit und anderen neuen Dingern,..*please to meet you.., it is the Nature of the Game..., das ist das Spiel des Lebens.*

Der Tanzbär, der vorne klappert und hinten den süßen Arsch zum aufziehen heraus bückt.

Welcome..., willkommen auf der hübschen, dunklen Seite unseres inneren Mondes. Honey Pie..., der Honigkuchen, den *Muttern* aus dem Honig von den Bienen backt, lässt grüßen.

Der Spamfilter, Ego und Bitcoins

Der Ordner beim E-Mail Eingang, z.B. bei www.web.de, zum Schutz vor Sülze, der Spamfilter, ist mal wieder bis zum überlaufen voll!

Während der persönliche Eingangsordner wieder verdammt leer ist. Wir werden von *Informations-Tzunamis* ungewollt überschwemmt. Die *Alzheimer Schreibstube* lässt grüßen. Ohne Gier und Penetranz scheint es nicht zu gehen. Gierig wird penetriert, bis mal irgendwas dabei heraus kommt.

Nun gibt es sogar schon Software für die Prognose von Bestsellern bei Bucherfolgen. Ein Algorithmus soll den Verlegern die Arbeit abnehmen. Es wird nicht mehr gelesen, nur Text in eine Maschine gegeben, einmal klicken und gucken was die ausspuckt.

Unterschiedliche Genres, unterschiedliche Geschichten unterschiedliche Menschen. Aber egal, der *Apparat* wird es schon gleichschalten.

Qualifiction nennen die Programmierer ihre Geschäftsidee. Die ausgespuckte Vorhersage wird wohl eher eine Massenbeeinflussung zum Schutz vor individueller Neigungs- und Entscheidungskraft.

Kauft nur, was die Maschine euch sagt. Wenn wir uns nicht gegen die Digitalisierung wehren, verkümmert der Mensch zurück zum Affen. Ein aktives Umdenken, eine anstrengende Bemühung zum Austritt aus der selbst verschuldeten Unmündigkeit, ist die uns gestellte Aufgabe von der Natur für unsere Zukunft. Sonst krabbeln wir bald wieder auf allen Vieren in *Smartphonewäldern* rum. Ich kann den Scheiß nicht alleine grade biegen. Das müssen schon sehr viele, am besten die meisten Menschen einsehen und entsprechend gestalten.

Bild: Krumme Digitalisierung:

Ich hab mich als Beta-Tester bei *Qualifiction* beworben und bin tatsächlich genommen wurden. Mal sehen, wie sich meine Befürchtungen und Erkenntnisse entwickeln.

Die Torte is eben doch nicht in der Mütze..., die Mütze is auf der Torte, aber wir dürfen den Wollhut dabei wenigstens aufbehalten! Sonst würde sich das Stück Kuchen des Lebens auch noch in alle Richtungen verschleimen, anstatt genießbar und zum teilen auf einem Haufen zu liegen.

Was will uns Pat damit sagen? Welche Torte, welche Mütze, was soll der Unsinn!?

Mütze steht für Mann, Torte für die Frau. Es ist das Dilemma des schönen Lebens. Mit geht *Es* nicht, ohne auch nicht, isso.

Testosteron und Östrogen bitte ausgewogen zu sich nehmen.

Hier ein bisschen Nachhilfeunterricht für die Männer: *Bratzbirne, Döskopp, Döspaddel, Torfkopp, Tüffel, Maxe-Mütze, Flitzpiepe, Dussel, Heiochse, Fatzke...* u.s.w.

Jedes Bundesland hat da so seine eigenen, kulturellen Schimpfwörter entwickelt, oder sind es doch nur niedliche Kosenamen?

Und ein bisschen Nachhilfeunterricht für die Frauen: *Schachtel, Drachen, Trampelsau, Besen, Blarrpott, Gans, Kuh, Brumsumsel, Bumsnudel, Büffelhüfte, Nudel, Doofbacke, Dorfmatraze,*

Flittchen, Alice Schwarzer, Furie, Gehsteigpanzer,
u.s.w.

Zurück zum Spamfilter nun. Die richtige E-Mail, mein verstorbener Kumpel Thomas sagte immer *Emil* zu E-Mails, in den Eingangsorder zu bekommen, ist heutzutage schon fast reine Glückssache.

Das ist mit viel Arbeit, Geduld, Nerven und einer gehörigen Portion Hoffnung verbunden.

Es gibt daher zu viele *Aus-Versehen-Produkte*, die den Markt der Ein- und Ausgangsordner überschwemmen. Daher bin ich, im biologischen Sinne, sozusagen als Spamfilter, gegen unkontrollierte Vermehrung und für eine geregelte Geburtenkontrolle.

Wer welchen *Emil* oder welche Zuwächse im jeweiligen Ordner bekommt, sollte eine Existenzfrage für die Zukunft werden.

In den eigenen Spiegel noch gucken zu können

bedarf einer Menge an Illusion und Boshaftigkeit...,
wenn man oder sie an die eigen Lügen glauben
will..., und anderen alle Schuld geben möchte.

Ablenkung mit Oberflächlichkeiten oder
scheinbare Verantwortung, z.b. bei der
Kindererziehung, ist dabei Hinführung zur
Selbstaufgabe, auch der eigenen Nachkommenschaft.

Weniger ist Mehr. Es muss nicht immer eine Torte
sein, mit oder ohne Mütze ist dabei auch egal.

Mehrmals einen #TagohneDrogen..., empfehle ich
allen auf dieser schönen Welt. Ego und Illusionen
gehören auch zu den Drogen der angeblichen
Nüchternheit. Ego ist wie Gold. Es macht süchtig,
weil es unruhige Geister beruhigt. Es strahlt ja so
schön, im Schatten der vielen Schürftoten. Der
Egorausch hat dabei grade erst begonnen.

Die Kryptowährung *Bitcoin* ist der neue *Egorausch*
von Spekulanten. *Der* enorme Energieaufwand beim

digitalen Schürfen von Bitcoins tötet unsere Umwelt. 2018 werde für die Herstellung der Kryptowährung mehr Energie als in ganz Dänemark verbraucht, sagte Max Krause vom Oak Ridge Institute for Science and Education.

„Wir haben eine völlig neue Industrie, die pro Jahr mehr Energie konsumiert als viele Länder."

Einer am Montag von Forschern um Krause in der Zeitschrift Nature Sustainability veröffentlichten Studie zufolge wurden für das sogenannte Mining von Bitcoins allein bis Mitte dieses Jahres 30,1 Milliarden Kilowattstunden Strom verbraucht. Zum Vergleich: Dänemark hatte im gesamten Jahr 2015 einen Stromverbrauch von 31,4 Milliarden Kilowattstunden.

Beim Bitcoin werden Buchungsvorgänge kryptografisch verschlüsselt und in einer dezentralen Datenbank aneinander gekettet – der sogenannten

Blockchain. Dafür ist ein immer größerer Rechenaufwand und Kühlung der Rechnungsanlagen nötig.

An diesen Berechnungen kann sich im Prinzip jeder beteiligen und wird dafür in Bitcoin-Anteilen *entlohnt*. So entstehen neue, digitale *Goldmünzen* beim Ego-schürfen, das nächste Monster wartet schon.

Schon längst wird dieser stromintensive Prozess allerdings von professionellen Akteuren dominiert. Etwa die Hälfte der Bitcoin-Farmen ist in China angesiedelt.

Wie schon gesagt…, Ego und Illusionen gehören auch zu den Drogen der angeblichen Nüchternheit.

Nicht nur im metaphysischen Sinne..., *C'est la vie*..., so ist das Leben. Oder wie unsere liebe *Edith Piaf es* so wunderschön besungen hat, in ihrem - *La vie en rose* - Das Leben in Rosa..., ist auch so eine

Illusion.

Gesund hungern – eiserner Schmetterling

Ich habe beschlossen 5 Tage zu fasten, meinen körperlichen *Spamfilter* zu aktivieren. Das schont mein Bankkonto und meine Gesundheit. Ich hatte schon mal 10 Tage eine Zitronensaftkur gemacht. Dabei und danach ging es mir auch sehr gut.

Es verwandelt sich nicht nur der Körperzustand, sondern auch das seelische Gemütsbefinden. Mein Wahl- bzw. Kurspruch war in dieser Zeit: *Iron Butterfly – eiserner Schmetterling* werden. Schwer und leicht zu gleich. Der Fels in der eigenen Brandung.

Fasten ist viel mehr als nicht essen. Mangel verträgt der Körper besser als Überfluss. Verzicht hat heilende Wirkung und ist vor den Zeiten der Supermärkte völlig normal gewesen. Der

Neandertaler ist in unseren Genen bis heute massiv verankert.

Versuche bei Mäusen, Pinguinen und Ratten zeigten trotz verschiedenen Organismen und Verhaltensweisen die gleiche positive Wirkung.

Die Körperzellen tragen einen uralten Mechanismus in sich. Sie reagieren sofort mit Schutzfunktionen und einer Lebensverlängerung auf eine Verknappung der sonst üblichen Ressourcen.

Selbst bei der Chemotherapie geht es einem fastendem Betroffenen besser, als einem Patienten der sich normal ernährt. Für Krebszellen ist das Fasten ein regelrechter Alptraum! Es gibt ja nix mehr zu fressen dann.

Es gibt unzählige Untersuchungen zu diesem Thema. Nur die Pharmaindustrie möchte sich da am liebsten ganz raus halten. Verständlicherweise, bei den drohenden Verlusten durch fortschreitender

Gesundung.

Das Wasser kommt aus der Leitung, den Rest musste ich mir für meine kleine Fastenkur besorgen. Ich entschied mich für

zuckerfreie Gemüse- und Obstsäfte und einer kleinen Suppe für den Mittagstisch.

Mir wurde schnell wieder klar, dass ich überhaupt nicht an die Beschaffung von Brot, Wurst, Käse, Milch, den Einkauf von Mittag- und Abendessen denken musste. An überhaupt nix dergleichen! Ich ernährte mich ja nun ausschließlich flüssig.

Wie praktisch, dachte ich zufrieden. Mein Sarkasmus läutete schon wieder, diesmal an mein gutes Gewissen. Der Glöckner von Notre-Dame wird hübsch!

Ich kam mir vor, wie im Verpuppungsstadium, wie eine hässliche Raupe, die sich zum freien, schönen Schmetterling entwickelt. In der Poesie wird der schönste Falter auch als *Sommervogel* bezeichnet. Seine Dauer ist nur kurz, einen Sommer lang. Das Pendant dazu ist ein *Sommermädchen*, das sich hingibt, um Liebe zu finden.

Wie schön, dass ich in der Realität, in der kurzen Zeit des Lebens ein Mensch sein darf.

Euphorie, jetzt schon? Nein, typisch Pat! Mein verständnisvoller Diktator, mein Ego, rettete den Ungläubigen in mir.

Ich hatte den Drang etwas zu unternehmen. Raus gehen und was tolles machen. Die Belohnungsmechanismen waren ins stocken geraten, da musste ich aktiv eingreifen. Sonst wäre ich implodiert und auf dumme Gedanken kommen.

Alternativ kann man auch in die Ruhe gehen, meditieren, mit was auch immer. Einige spielen dann Golf oder gehen Bergsteigen. Otto Normalbürger, so einer wie ich es bin, sucht sich da kleine Freuden.

Für die eigenen Versäumnisse gerade zu stehen ist besser, als sich ständig und feige bücken zu müssen, dass gilt auch vor dem eigenen Angesicht.

Meine Fastenkur verschafft mir kurzfristig Erfolgserlebnisse, die das eigene Selbstwertgefühl ausbauen, stärken und stabilisieren.

Sich selbst die Wahrheit zu sagen, wird in der kurzen Zeit der Kur, sehr viel einfacher.

Der Spamfilter war wieder aktiviert. Das Gehirn fühlt sich entrümpelt an.

Die Wissenschaft erklärt dieses Befinden als, ...die innere Latte..., die man sich legt, wenn man aufs Essen verzichtet. Sie ist dermaßen hoch, dass dieser Sprung über den eigenen Schatten vermutlich enorme Glückshormone freilegt.

Aber Vorsicht! Die Freude an der großen Erleichterung währt nur kurz. Zeitlich begrenztes Fasten setzt den Körper auf Sparflamme. Dadurch verbraucht er weniger Kalorien.

Dieser Zustand hält allerdings auch noch an, wenn sich der Be- oder Erleuchtete bereits wieder normal ernährt. Was dazu führt, dass er schwerer wieder in alte Gewohnheiten zurückfällt als vor der Fastenzeit. Ein Umstand, der unter dem Begriff *Jo-Jo-Effekt* bekannt ist.

Also ist es noch besser, den eigenen Spamfilter regelmäßig zu aktivieren!

Am letzten Tag meiner Zitronensaft-Kur ging die *Raupe* auch satt ins Bett, obwohl sie wieder mal nix gegessen hatte. Es juckte ihr aber schon sehr stark an der kosmischen Umhüllung. Schmetterling is comming? Bin gespannt, wie es diesmal wirkt.

Widerspruch und Zustimmung

Die Jugend ist oft sauer auf ihre Herkunft und den erlebten *Trott* des Gleichförmigen ihrer Erzeuger. Das war ich auch. Der *Trott* besteht in der Absicherung des Erreichten und einer massiven Angst vor Veränderungen. Das sieht oder hört jeder, der es zulässt.

In der Musik (Rap...), in der Kunst (Graffiti, Straßenschmiererei,...), in der Sprache (Was geht Dicker...?), in der Politik (AfD...), im alltäglichen Umgang, ist es überdeutlich.

Jede Gegenwart braucht nen neuen Mantel, ist aber trotzdem schon alles dagewesen. Hauptsache die Jugend merkt es noch nicht, ...die quatschen nämlich auch so schön viel altes Zeug, in neuen Gewändern, merken es aber immer noch nicht.

Ich hab mal eine Grafik erstellt, um einen Blick auf einen möglichen Untergang zu werfen, ...auf das immer schneller, immer mehr *Werden Müssen* unseres gegenwärtigen Daseins.

Es wird, wie immer, genau das Gegensätzliche eintreten, wie ein ewiges, kosmisches Gesetz.

Die Henker werden geköpft, ...die Strangulierer werden gehängt,...die Ertränker kommen in die Wüste,..die Lügner sagen die Wahrheit und der Hass verliebt sich unsterblich in die Liebe.

In der Schwerelosigkeit furtzen wir auch mehr, weil die Luft nach unten will und die Schwerkraft sie nicht nach oben drückt.

Das ist das Gesetz der kosmischen Gegensätzlichkeiten, wie schwarz und weiß, klein und groß, hell und dunkel, Gut und Böse, Teufel und Engel, Hausverbot und freier Einlass und so weiter und hinterher.

Keiner ist des Glückes Schmied, wir sind nur die Hufeisen Gottes. Demütig erhobenen Hauptes können wir allenfalls durch ein Labyrinth marschieren dürfen. Der Weg ist das Labyrinth, nicht das Ziel.

Wiederholungen sind oft langweilig, hab ich mal, vor sehr...sehr...sehr langer Zeit, von mir gegeben. Aus voller innerer Kraft heraus. Nun bin ich mittlerweile überzeugt worden, dass mein Leben niemals langweilig werden wird.

Ich bin einfach ein zurückgebliebener Straßenköter, ein *Semi-Boy*, nun mit Halsband und passenden Herrchen oder Frauchen, meiner geduldig gewordenen Selbst, meines Gewissens. Ich bleib wohl stehen, bin ja schon da.

Grafik:

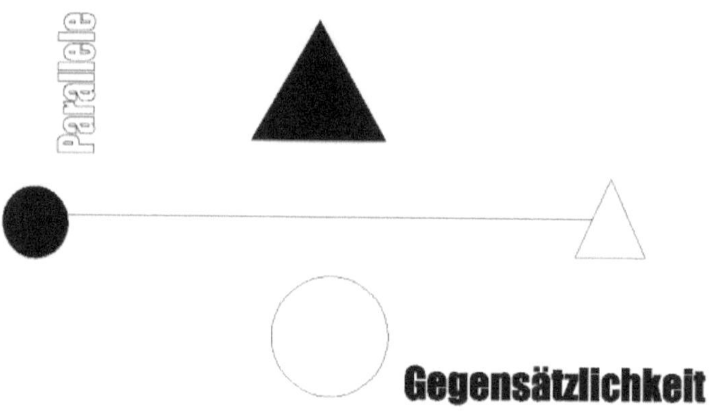

Hier ein Sammelsurium meiner Geistesblitze zum Thema parallele Gegensätzlichkeit: Elastische Schildkröte, Zeuge der falschen Tatsachen, runder Kreis... u.s.w.

Ich hab den ganzen Kopfsalat mal in eine kleine Geschichte gepackt. Vielleicht liest sich das gut, geht besser rein, in die trübe Klarheit unserer inneren, klitzekleinen Großmäuler:

»Also...«, sagte die elastische Schildkröte zum Zeugen der falschen Tatsachen.

»Jeder sieht es anders, aber ein #Hashtag verbindet sie alle !«

»Denkste«, erwiderte ein morphinöses Seepferdchen.

»Du Kleines, unerhörtes ganz Großes, schäm dich, sind Offenbarungen etwa eine Bedrohung?«

Dem Schildkrötchen wurde ganz mulmig unter seinem Panzer.

»Du hast Recht im Unrecht. Wenn die Seele spricht, kommt der Verstand ins stolpern!«

Die Schöpfung scheißt nämlich auf die Evolution und es entsteht ein neuer Pilz auf dem Kackhaufen. Gerade die Pilzkulturen sind es, die ein Leben erst ermöglichen!

Die elastische Schildkröte kriegte noch mehr Vorwürfe ab, vom morphinösen Seepferdchen:

»Was ist denn unsere Abwrackprämie...? Es sind die Menschen, die wir hinterlassen werden!«

Die Schildkröte wurde immer schneller, im Denken. Sie dachte sehr viel und ihr Panzer schwoll noch mehr an, als sonst sowieso!

Nach sehr, sehr, sehr langem Nachdenken, begegnete sie dem morphinösen Seepferdchen mit voller Gewissheit:

»Die Musik des Lebens..., sind also auch unsere Tagesgeräusche, ist das deine wässrige Anschuldigung der Austrocknung?«

Ein riesengroßer Applaus grölte aus dem leisen Konzertsaal der Einsamkeit der beiden Lebewesen. Nur ein paar beinlose Flamingos klatschen verhalten dazu.

»Ja, Schildkrötchen.., die konstante Vergänglichkeit, ist der Weg zum Ziel im Labyrinth!«

Die elastische Schildkröte bewegte sich im runden Dreieck und überlegte wieder lange. Nach unendlich kurzer Zeit kam sie zu einem Entschluss:

»Es sei denn, die Menschen beginnen mit der Ratenzahlung an die Schöpfung, mit der schrittweisen Aufgabe ihrer Selbstsucht«, erwiderte sie schlussendlich am Anfang!

Ich könnte diese kleine Geschichte immer weiter fortführen, es sind jedoch die täglichen, lebendigen und konkreten Alltagsgeschichten, die mir mehr am Herzen liegen. Die augenblickliche Ewigkeit, im nix wollen und nix tuen, ist ein Zustand des Loslassens.

In solchen Momenten höre und fühle ich sehr intensiv. Ein Rauschen der Bäume, ein Zwitschern eines Vögleins richtig wahrzunehmen, so esoterisch das auch klingen mag, es ist ein sehr schönes Gefühl.

Dann fehlt mir gar nix mehr!

Allmende, kleine Alltagsgeschichten

Allmende bedeutet soviel wie Gemeindegut oder -wohl.

Das Allgemeinwohl sollten wir besser verteilen. Ich schreib dafür fleißig am Buch.., geht gut voran.., aber sich selbst der Offenbarung auszusetzen ist starker Tobak!

Ohne Rücksicht auf Verluste, das eigene ich, zu rekapitulieren… ist schon *einen Dujardin wert..*, oder ein *HB Männchen muss nicht in die Luft gehen*!

Nicht verloren ist schon fast gewonnen.

In jeder Sekunde prasseln auf unser Gehirn Tausende von Informationen ein. Der Geruch eines Unbekannten, der neben uns in der U-Bahn steht, das Blau des Himmels, das Hupen von Autos, ein schreiendes Kind im Kinderwagen, den ganzen Tag ungefilterte Nachrichten.

Mich interessiert das Unbekannte, das Abenteuer,

welches über das *normale* Leben hinaus existiert, fliegen darf, können und wollen muss. Wie ein kleiner Vogel zwitschert mir eine innere Stimme ständig zu, *was ist bloß hier los, um mich herum?*

Meine *Basics* funktionieren zur Zeit nur peripher, in den inneren Zonen des Körpers liegend, aber nicht in substanzieller Geborgenheit in meiner Seele.

Eins gleich vorne weg: Ich würde am liebsten in jedem Satz das Wort *eigentlich* schreiben. Ein schlimmes, sehr, sehr, sehr häufig benutztes Wort. Es trägt eine vorprogrammierte Inkonsequenz in sich. Deshalb wird es gerne benutzt. Sozusagen...eine Ausrede am Anfang schon, ein Hintertürchen, ein *Plan B* ohne Planung.

Eigentlich rauche ich nicht mehr..., zünde mir aber gleich eine an.

Ich hab gar nix erreicht, woran misst man das? Am Bankkonto, Anzahl der Häuser, Autos, Pferde,

Kinder?...

Das hab ich alles fast nicht. Ich hab eine tolle Tochter und einen suchenden Sohn, da bin ich stolz drauf, das macht mich zufrieden. Zufriedenheit, inneres Wohlbefinden, das ist die erstrebenswerte Erreichbarkeit des Lebens, denke und fühle ich zumindest.

Schlimmheiten begleiteten mich mein Leben lang, vieles auch selbst verursacht, gerade deswegen strebe ich konsequent oder inkonsequent - scheiß egal - etwas an, dass die Last von mir nimmt, die ich schon so lange mit mir herum trage.

Ich könnte dieses Kapitel auch *Mein Kampf* nennen, der Kampf mit meinem Gewissen, aber das ist mir zu politisch und beschwört Geister herauf, die ich nicht gerufen haben will.

Die Unendlichkeit im Bewusstsein hat so eine große Kraft, da kommen selbst die abgebrühtesten

Politiker nicht mehr mit. Der Präsident der vereinigten Staaten, Donald Trump, ist ein gutes Beispiel dafür, wie einer von D*iesen* über sich selbst hinaus gestolpert ist. Frag *Berlusconi's*, ob sie nochmal jung sein dürfen. Bewusstsein ist zeitlos!

Zurück zum *normalen* Leben. Es gibt viele angebliche Erfolgsrezepte, wie etwas zu tun ist. So ist es auch mit dem Dasein. Bestimmende Ratschläge kommen von allen Seiten, das hört nie auf. So hab ich aber nicht gelebt. Ich ging immer meine eigenen Wege. Und das wird auch so bleiben!! Ich kann gar nicht anders. Der Weg ist das Ziel durchs Labyrinth.

Einen formalen Lebenslauf hier zu hinterlassen finde ich zu albern. Das ist etwas für Personalbüros, die einen Sklaven brauchen für ihr Business. Aber ein bisschen möchte ich schon Preis geben. Ich muss ja auch nicht *rumkaspern*, es fließt ja nur so aus mir heraus, als wenn mich eine komische Muse geküsst hat.

Ein Lobgesang auf die Küsserei, wenn wir schon dabei sind. Küssen mochte ich immer sehr. Wenn sich zunächst fremde Zungen im Mund oder auf den Lippen, oder auf der Nase, oder sonst wo begegnen, is das immer so schön.

Stellung 69 wäre jetzt auch wieder ein ferngelenktes Denkmuster von Oberflächlichkeiten.

Wo soll ich anfangen? In der Vergangenheit oder meiner Gegenwart? Ich glaube ich wechsle hin und her, so wie schon immer in meinem Leben oder noch schlimmer.

Mein Bankkonto weist 34,23 Euro auf, am 18.09.2018. Es sind noch 10 Tage bis Arge wieder zahlt, weil diesen Monat der Freitag vor dem ersten liegt. Wer genaueres wissen möchte, wende sich bitte an die Gesetzgebungen. Ich für meinen Fall hab keine Angst, keinen Plan und keine Verzweiflung. Wieso

Pat?

Weil ... *wenn du denkst es geht nicht mehr....,
kommt irgendwo ein Lichtlein her....*

Das hatte der grad verstorbene Freund, Thomas
Ansell, immer gesagt und Er hat doch recht! Man
muss nur dran glauben, nicht alles wissen.

Außerdem mache ich ja auch etwas, hab 40 eBooks
und 6 Hörbücher draußen nun, in verschiedenen
Genres bei verschiedenen Verlagen, auch Erotik!

Henry Miller hat auch aus Geldnot sein *Opus
Pistorum* geschrieben, Porno pur!

Googelt mal meine Pseudonymen: Pat Brave, Claas
Maria, Lily Merlin, Regina Stanz. Ich hab als Autor
bzw. als Autorin (Pseudonym Lily Merlin) auch
einen Blog im Internet.

Ich hab auch mal anders gelebt wie heutzutage.
Abitur, Studium, BWL, IT…, wie schon geschrieben.

Ich erzähle euch lieber etwas über meine

Gegenwart, kombiniert mit meiner Kind- und Jugendzeit und mein, immer noch nicht abgeschlossenes, Erwachsen werden. Ich möchte das *innere Kind* in mir auch gar nicht aufgeben. Ich pflege es lieber regelmäßig.

Bei Jugendlichen werden Empfindlichkeit und Aufmerksamkeit oft als Nervosität ausgelegt. Das war auch bei mir so...ständig!

Ich brauch wohl ne Stammzellentransplantation…, am besten von einem Menschen der viel erreicht hat. Ich fühlte mich so unnütz und leer manchmal. Mein alter Kumpel, Tami, meint das ist gut so.

So eine Art Vorstufe von innerer, totaler Zufriedenheit soll das sein. Ich fühle und empfinde das aber noch etwas anders.

Alles Ertragen müssen... oder erleben dürfen? Das ist die Frage meiner Seele.

Mein Verstand sagt mir oft: Du bist im Arsch...,

kannst doch nix…, hast ja nix.

Stimmt!

Ich kann die Planeten nicht bewegen, die Sonne nicht ein- oder ausschalten, die Bäume nicht sprechen lassen, obwohl sie das mehr als verdient hätten…und doch empfinde ich tiefe Dankbarkeit und Demut.

Mal einen Schritt nach hinten machen, durch den Dunst und Nebel gucken. Hindurch, durch das eigene, angenehm gewöhnliche, einfache Betrachten der Dinge. Eben die ganze, oft verborgene, Vielfalt beobachten. Mal von oben alles angucken, oder von ganz unten. Die Vielfalt der Ansichten schärft die Sinne und die Wahrnehmung. Der Vorhof zum Himmel, kann aber auch die Hölle sein.

Meine Nachbarn denken ich bin eine Bedrohung für die Gesellschaft. Sie behandeln mich wie einen Geistesgestörten, der fester Bestandteil ihres Wohninventars geworden ist. *Bergstedter Urgestein* sozusagen.

Dabei möchte ich doch nur, dass sie mal ihre Komfortzone verlassen, nachhaltig! Ich schreibe einfach mal ein paar Geschichten aus meinem jetzigen Leben auf, auch wenn das, hier und da, etwas aggressiv und komisch rüberkommen mag.

Dabei will ich doch nur lieb sein!

Pappmaché-Monster

Gestern hatte ich unerwarteten Besuch. Ich spielte Ritter, mit einem Schwert aus Pappmaché. Ein Nachbar dachte es wäre ein großes Küchenmesser und ich würde nun meine Nachbarn zur Rechenschaft ziehen und massakrieren. Na ja, es erschienen gleich 6 uniformierte Ordnungshüter. Der jüngste von ihnen wollte meine Haustür eintreten. Laut begehrte er den Eintritt in mein persönliches Reich.

Ich machte natürlich nicht auf und rief selbst 110 an und beschwerte mich meinerseits über den aggressiven Auftritt der Uniformierten.

Daraufhin entfernte sich die Gruppe der *Exekutive* von meiner Haustür. Sie hatten wohl einen anderen Befehl von ihrer Zentrale erhalten und mussten aufgeben.

Den Reichen und ihren Handlangern, sollten wir einen *Leergutschredderautomaten* um den Hals hängen. Bleib stehen, biste schon da...würden sie dann auch begreifen.

Illusionen sind immer ein scheinbares Argument für Irrtümer.

Die Letzten werde die Ersten sein? Denkste! Van Gogh hatte nen Scheissdreck davon, dass seine Bilder erst viel Kohle bringen, nach seinem leidvollen Dasein.

Der Teufel is ein reicher Wixer, den pisse ich seine Hölle trocken. Dann kann auch er mal eine Wüste durchschreiten, bevor ein Stück Land in Sicht kommt. Fragt Captain Hornblower, der hat die Segel schon gesetzt.

Ein bisschen Großmäulig nett gesagt, aber ich schäm mich mittlerweile auch für Gott, dass er nicht hilft bei dem ganzen Dilemma der ungleichen Verteilung des irdischen Lebenskuchens, der rosanen Torte.

Die Lebenssituation meiner ehemaligen Hörbuchsprecherin, als alleinerziehende Mutter, macht das mal wieder über deutlich. Hier ein Brief den ich ihr schrieb, als Versuch einer Aufmunterung in ihrer Situation:

Gedanken von mir an Dich. „Der Kampf um ein wenig Glück"

Hab grad die letzen SMS von Dir ganz tief in mich rein gelassen.
Ja! Jeder ist sich selbst der nächste. Denken nur an sich.
Ich war schon immer ein Mensch mit Empathie, ich leide mit dir. Ich kann aber auch nicht zaubern.
Mein Traum wäre ein Lottogewinn, damit Du Wohnen und Schule organisieren könntest. Keinen Gedanken an ... "oh das schöne Geld" würde ich verschwenden. Ich würde euch sofort tatkräftig unterstützen.
Ich hab aber nix. So kann ich mir nur Gedanken machen und allenfalls einen wohl gemeinten
Vorschlag auspupsen. Das hilft dir aber nicht. Ratgeber gibt

es wie Sand am Meer. Richtige Hilfe suchen wir uns
Menschen erst, wenn das Kind in den Brunnen gefallen ist!
Ich merke, dass Jokim viel Spaß mit mir hat, wenn ich bei
euch bin und wir gemeinsam etwas machen. Wenn es Jokim
gut geht, geht es Dir auch besser. Das ist ja mehr als logisch.
Mutter sein, alleinerziehend, ist wohl das schwerste
überhaupt.
Die Entscheidung zu treffen, welche Schule ist die beste für
Jokim, lässt sich noch bewerkstelligen.
Aber die notwendigen Konsequenzen umzusetzen ist ein
Seiltanz ohne Fallnetz, auf einem ganz, ganz, ganz dünnem
Barren.
Ohne genug Geld zu haben, ist es fast unmöglich die eigenen
Vorstellungen umzusetzen. Es müssen Mittelwege /
Kompromisse gefunden werden, die ein kleines Leben mit
weniger Sorgen möglich machen.
Es ist soviel zu tun, in kurzer Zeit. Es ist soviel zu bezahlen
mit sehr wenig Geld.
Dieses Gegensätze habe ich in mir bis zum Seelengrund
aufgesogen. Es ist die heutige hektische Zeit, die keinen
Raum für ein menschlicheres Miteinander hergibt.
Deshalb hab ich mich selbst sehr zurückgezogen. Hab viel
Zeit und sehr wenig Geld. Das ist meine Lebensentscheidung.
Aber viel wichtiger ist deine jetzige Situation! Du musst auch
eine nachhaltige Lebensentscheidung
treffen, damit du nicht mehr vom „Pech" verfolgt wirst.,
Konkrete Lösung kann ich dir da nicht geben. Ich versuche
aber, Dir zu helfen wo ich kann.
Mir hat es sehr geholfen, mich weniger vom Verstand leiten
zu lassen. Ich höre mehr auf mein Inneres.
Ja, das hört sich so einfach an. Ist ES aber nicht!

Loslassen ist der ominöse Begriff dafür. Loslassen vom perfekt sein wollen. Alles richtig zu machen. Es kommt sowieso anders, als man denkt, ...zu denken gewohnt ist. Deutschland ist ein Entwicklungsland, was die Unterstützung für Bedürftige angeht.

Aber besser ist es, über die konkreten, brennenden Dinge zu reden.

So wie ich es bisher aus der Entfernung mitkriege, leidet Jokim unter dem blöden Riesen. Der unterrichtet doch aber nicht ab 5 Klasse, so hatte ich es verstanden.

Schulpflicht bis 15 Uhr ist ein langer Schultag. Jokim wird aber nicht jünger, wie wir alle nicht.

Er wächst an den Anforderungen des Lebens. In deiner Obhut hat er es sehr gut. Du bist sehr verständnisvoll und eine verdammt gute Mutter!

Ich war schon immer sehr auf mich allein gestellt. Schon in früheren Jahren. Mit 17 bin nach der Scheidung meiner Eltern ausgezogen und zu meinem Vater gezogen. Kochen, Schule fiel da nicht schwer, da ich schon immer selbständig leben musste. So eine Fürsorge, wie du sie Jokim gibst, hatte ich niemals.

Ein Schulwechsel ist immer möglich. So würde ich es dir empfehlen.

Das Leben ist ein Fluß, kein Staubecken, dass zu einem bestimmten Punkt geleert werden muss.

Binde Jokim auch mehr ein, in Entscheidungen die ihn betreffen. Ich hab immer das Gefühl, er ist es nicht gewohnt, weil du alles übernehmen, alles allein hinkriegen willst.

Ich möchte Dir gerne mehr helfen. Vielleicht hast du da konkretePunkte, bestimmte Stellen, an denen du mich drücken kannst. Der Buzzer als Siegerkarte sozusagen.

Wir werden überschüttet und berieselt mit Stillhalte-Parolen des *Titty-Tainmenteffekts*. Die Dauerberieselung durch die Medien, mit oberflächlichen Inhalten, werden wir aufhalten müssen.

Besser noch, ihn umkehren, ins Gegenteil aufklären. Titty-Tainment ist eine Wortbildung aus englisch titty (Slang für Busen) und Entertainment (Unterhaltung). Der Begriff steht für die unausweichliche Konsequenz, dass auf Grund steigender Produktivität, ein großer Teil der Weltbevölkerung von der Produktion entbunden sein wird und dann von Transferleistungen leben muss: Das sind Eltern, BAföG, Hartz4, und sonstige Geldzahlungen ohne Gegenleistung.

Ohne Geld hast du es schwer, dich zu entwickeln. Du gerätst ins Abseits. Um diesen Teil der

Bevölkerung ruhig zu stellen, wird er durch die Medien berieselt. Wen das nicht satt macht, der muss, wohl oder übel, kriminell werden und es sich woanders holen: Fli-Fla-Flaschenpfand.

In den USA sind die Ausgaben für Gefängnisse höher als der gesamte Bildungsetat. In Deutschland leben über 1 Millionen Kinder von Sozialhilfe. Gleichzeitig steigt die Kinder- und Jugendkriminalität rapide an. Bezahlbare Wohnungen sterben aus.

Letztendlich, entsteht Kriminalität oft, als verzweifelter Versuch, um den notwendigen Lebensstandard zu retten oder für das nackte, verzweifelte Überleben.

Aufgrund des Wachstums der Produktivität, z.B. des Automatismus, mit perfekten Schweißrobotern in der Automobilindustrie, geht die Arbeit aus, für uns Menschen.

In Zukunft, nein, fast schon jetzt, in unserer Gegenwart, werden 20 % der Weltbevölkerung ausreichen, um 100 % der benötigten Dienstleistungen und Güter zu erbringen. Die restlichen 80 % der Bevölkerung werden von Transferleistungen leben müssen. Sie sind überflüssig.

Wir stecken in der Globalisierungsfalle, mit ihren Auseinander driften der Bildungsblöcke und den damit einhergehenden, sozialen und beschäftigungsintensiven Folgen.

Wie dem schreienden Säugling, dem die Brust gegeben wird, sollen die überflüssigen Menschen mit trivialer Unterhaltung (Fernsehen, Internet, Smartphone, usw.) davon abgehalten werden, die gesellschaftlichen Zustände in Frage zu stellen.

Sie sollen so sehr, mit unwichtigen Angelegenheiten beschäftigt werden, dass sie keine

Zeit oder Energie mehr haben, über etwas

veränderndes nachzudenken, entsprechend dem Level

eines Tieres aber wirklich helfen tut nix und keiner.

Dazu gibt es immer noch zu wenig nachhaltigen

Protest aus dem Fundament der Gesellschaft. Die

meisten haben Angst oder es ist ihnen egal, weil sie

selbst gut gestopft sind.

Die *Gelbwesten* Unruhen in Frankreich sind für für

mich ein kleiner Lichtblick und eine Prophezeiung

was noch kommen wird.

Und es kam vor kurzem noch schlimmer. Wieder

Getrampel vor meiner Haustür, wieder die Exekutive,

diesmal mit Frust, Gewalt und fauler Ausrede. Am

nächsten Tag, nach Übernachtung in einer

Aufbewahrungszelle einer kleinen

Polizeirevierwache in Poppenbüttel, übergab mir der

Chef 3 Schlüssel, mit den argumentativen Worten:

„Die Feuerwehr wahr da!"

Was dachte ich, war nun wieder passiert?

Ich hatte die 110 Notrufnummer angeblich blockiert. Dazu wurde eine Beamtenbeleidigung gedichtet und fertig war ein konstruierter, *gerechtfertigter* Einsatz der frustrierten Ordnungshüter.

Konkret war es ein junger, durchgeknallter Polizeianwärter der die Nerven verlor, sein *Chef* ihn deshalb nicht gleich einen *Bax* hauen wollte und der angerichtete Schaden des uniformierten Wüterichs nicht mehr sauber korrigierbar war. Deswegen kriegte ich mal wieder das Kreuz für eine teuflische Krone, mit fadenscheinigen Argumenten, für einen sinnlosen, steuerverschwendenden Einsatz.

Das ist eindeutig ein Fall für Huse, meinen Strafverteidiger für unschuldige Attentäter.

Ich warte auf die Rechnung der Feuerwehr. Meine Schlösser haben funktioniert und den blöden Einsatz hab ich auch nicht bestellt.

Möge der Ochse, der Affe, der das ausgelöst hat, endlich auf 2 Beinen stehen. Heutzutage können ja leicht die Handy- oder Telefonnummern den Bösewicht entlarven und mich in Zukunft in Ruhe lassen.

Ich will keine neue Tür alle 2 Wochen, bin gut verschlossen in Offenheit, isso.

Selbstporträt, Sexualität und die Frauen

Ich beschreibe mich mal weiter aus meiner Sicht, ohne Kompromisse! Keine äußeren Zensurmeister, die mir im Wege stehen. Auch nicht meine Kopf gesteuerte Sexualität, die endlich loslassen will, damit ich so fühlen kann, wie Frauen genießen können.

Ich bin keine Schwuchtel und suche doch einen Weg zu mehr Weiblichkeit. Hat wohl oder übel mit Schmerz zu tun, das einzig Wahre, dass keiner vergessen wird und kann. Blut ist das Kostbarste, was unser Leben zu bieten hat, isso.

Sommer 1988, in der Hitze des Tages, las ich auf einem freikörperkulturellen Campinplattz (FKK) die *Bhagavad Gita*, die zentralen Schriften des Hinduismus. Die *Gita* hat die Form eines spirituellen Gedichts. Das vermutlich zwischen dem 5. und dem 2. Jahrhundert v. Chr. entstanden ist.

Ziemlich *verrückt*, entstand dort mein erweitertes Zwiegespräch mit den Grundgedanken über das Leben, die Zweiheit von Natur und Geist, von Gott und Mensch ohne Ego: Hab nix, bin nix, macht nix!

Ich werde jetzt aber keine heiligen Texte interpretieren, nee, ich erde mich lieber mit täglichen Vorkommnissen.

Sms grad an Tami, meinen besten Kumpel: *Ich bin hübsch, mutig, bestimmend..., unausrott- oder unaushaltbar, witzig und vollkommen verrückt.. und das is gut so.*

Ich bin am Leben, kein lebendiger Toter!

So schreiben, wie mir der *Sabbelschnabbel* gewachsen ist. Die Kritiker sollen sich selbst verhaften und kreuzigen. Hatte ich schon manchmal, dieses Gefühl, so etwas wie eine Wiedergeburt Jesus Christus zu sein.

Genauso wie mein Sohn Jamie, der mir das nach

dem ersten Wiedersehen, nach 20 Jahren, offenbarte.

Ich hab ihm natürlich gleich ein paar Dinge zum runter kommen mit auf den Weg gegeben. Er will das Böse abschaffen! Is nicht! Gut und böse sind unverrückbar miteinander verbunden.

Hat er dann auch gleich eingesehen…:-), sowieso keine andere Chance, vom eigenen Vater des lebendigen Leibs, so etwas gesagt zu bekommen.

Ich glaub, er ist auch ein wenig Stolz auf seine Herkunft.

Hurra, Hurra, *Er* ist wieder da..., aber wo ist das Holzkreuz in dieser digitalen Welt?

Etwas im Griff, ...im Plan zu haben beruhigt die Nerven. Deswegen empfinden wir es als angenehm, alles vorher zu kalkulieren, in Erwägung zu ziehen, planmäßig vorzugehen.

Ein Loslassen davon, fällt uns unheimlich schwer. Sich einfach mal fallen lassen hört sich so einfach an,

ist aber das schwierigste das mir je begegnet ist!
Grade als Mann in seiner Steifheit, was Frauen sehr
mögen, wenn es ehrlich eindringt.

Ich bin ein mittelloser Kunstirrtum, ein
verständnisvoller Diktator in der verschleuderten
Genesis. Der Fadenpendel guckt mit Ausschlägen
hinterher und vorher gewusst- *a priori-* lässt *Captain
Hornblower* die Segel neu setzen.

Ich muss wenigstens nicht immer grinsen, mit
korrigierten Zähnen in einer Fake-Fresse, wie
Berlusconi.

Ich wollte sogar mal ne Tätowierungen, auf den
rechten Oberarm. 0815 sollte da stehen, wenn
überhaupt irgendwas.

Beim Frauenfußball guck ich mir immer erst mal
die Ärsche an, bin selbst am torschießend Loch
interessiert, bevor etwas unvorhergewolltes so sein
will, wie etwas anderes nicht passiert. Ich mochte

Rudi Assauer, mit dicker Zigarre und ner nachhaltigen Ansage, die er oft auf Schalke losgelassen hat.

Ich mag Alice Schwarzer nicht, die braucht etwas schönes, vom...oh Himmel..., würde sie das verändern.

Ein Smilie von meiner ehemaligen Hörbuchsprecherin Maria, per SMS, meiner heimlichen Geliebten und damaligen Lebensgefährtin, machte mich schon so glücklich.

Es ist die Kraft des Selbstverständnis, das uns innere Zufriedenheit gibt, ohne materialistische Nachweise in Form von: Mein Haus, mein Auto, meine Urlaubsbilder... u.s.w.

Nichts zu haben, nichts zu sein macht mir keine Angst mehr. Selbst der Glöckner von Notre Dame wird ein Hübscher werden müssen, oder was?

Nein, im Gegenteil! Es ist ein sehr angenehmes

Gefühl an nichts mehr zu drehen oder zu ziehen. Ich hab glücklich den Faden verloren!

Der Spatz fliegt eben weiter, als wir aus Schlössern gucken können. Trompetenkonzert für Genesis und Charles Darwin, den sie damals als Affen skizziert haben. Ja..., die Zeiten ändern sich nicht, die Zeit bewegt sich gar nicht. Nur wir selbst, mit immer wieder altem Neuanfang, für denselben Fehler, den wir alle niemals, für die Schöpfung korrigieren können.

Denn, der Fehler sind *vier* alle.., wie die Bremer Stadtmusikanten und fahren mit *Vicky Leandros* ...nach Lodz ...auf *Pigalle* und *Mäusefalle*, bevor ich die Geduld verlier. Ach was...ne, hab ich schon, macht Nix!

Dia- oder Bierabend? Jeder, jedes, und w*ir alle*, entscheiden selbst. Im anfänglichen Schlussendlich. Günther, mein Vater, war mein Meister, über dem ich mich als kleiner Junge, schon beim Angeln, ganz, ganz, ganz früh morgens, entschieden geschämt hab, der mich auch sehr geprägt hat.

Geschämt hab ich mich weniger beim Angeln, das war eher ein gutes Abenteuer.

Nein, es waren die Kneipentouren danach. So wie die wochenendliche Grölerei bei meinem geliebten Fußballspiel. Liebe hat immer auch etwas mit Hass zu tun.

Die Prägung meiner inneren Münze sieht ziemlich betrampelt aus, ist aber gerade deswegen recht einzigartig. Raritäten sind wieder gefragt. *Vintage* soll es sein.

Ich hab es irgendwie immer wieder geschafft, mich in den Umlauf zu bringen. Wie ein Steh-auf-Männchen, wie ein Tanzbär hab ich mich hinten neu aufgezogen um vorne klatschen zu können. Das ist mittlerweile nicht mehr so. Ich trommle nicht mehr, die Schellen schwingen eher im Stillen.

Ich bin auch oft sitzen geblieben. Genau zweimal. Thomas der Schlagzeuger, mein alter Kumpel, hält den Rekord. Bei ihm, dem besten Schlagzeuger des Multiversums, waren es sogar ganze 3 mal!

Schule hat mir trotzdem Spaß gemacht! Außerdem, war auch nicht nur ich immer Schuld, am scheiß Schämen für *wieder zurück gehen müssen*.

Ich könnte an dieser Stelle mein ganzes Leben erzählen, doch darum geht es mir nicht.

Ich will mich einfach nicht mehr strapazieren, für eine Fremdsteuerung. Wie ein Hamster im Rad laufen, damit eine fremde Wassermühle funktioniert und die entstehende Energie ungleich und ungerecht verteilt wird. Ich nenne das Arbeitsleben mittlerweile, im Rückblick auf meine eigenes, *Atzewienerkram.*

Das Wort findet selbst der Google Suchalgorithmus..., wo jeder mit muss..., nicht war?!

Is Hamburgischer Slang..., saloppe Ausdrucksweise, die ich so sehr vermisse. Auch im ernsten, formalen Leben, mal *5 Grade sein lassen.* Bin eben ein waschechter Hamburger. Die Dinos sterben aus!

Ich spiele als Hobby gern Pokern. Dabei *folde* ich gern. Was ist *folden*? Folden ist weglegen, loslassen. Pokern ist wie das Dart spielen zum großen Event aufgebauscht. Immer mehr Russen sind da nun an den digitalen Tischen und fast alle drehen durch. Das ist mein Vorteil, ich eben nicht! Ich *folde* eben gern!

Folden heißt auch wegwerfen, nicht mitgehen und so tun als ob (Bluff), bei vermeintlich schlechtem Kartenblatt. Nicht verloren ist schon fast gewonnen!

Na gut, zurück ein Stück. Zurecht rücken, ohne das der Rücken krumm wird.

Die Rückengeschichten.. oha.., irgendwie hab ich zu allem möglichen und unmöglichen etwas zu sagen.

Ich hoffe sehr, dass mir geneigte Leser folgen können und wollen. Das wäre sehr schön.

Für einige *Purzelbäume*, mit denen unsere Kinder, wir selbst als ehemalige Kinder, das Zukünftige so durchrollen werden, müssen können oder sollen.

Ich beantworte meine Fragen ja sowieso mittlerweile selbst und geb mir falsche Antworten mit unabsichtlicher, präziser Notwendigkeit. Schaun wir mal, was in 1000 Jahren los ist.

Man stelle sich vor: Ich glaube an die Liebe, aber….!

1. Pflicht ohne Liebe macht verdrießlich

2. Verantwortung ohne Liebe macht rücksichtslos

3. Gerechtigkeit ohne Liebe macht hart

4. Wahrheit ohne Liebe macht kritisch

5. Erziehung ohne Liebe macht widerspenstig

6. Klugheit ohne Liebe macht gerissen

7. Freundlichkeit ohne Liebe macht heuchlerisch

8. Ordnung ohne Liebe macht kleinlich

9. Sachkenntnis ohne Liebe macht hochmütig

10. Besitz ohne Liebe macht geizig

11. Glaube ohne Liebe macht fanatisch

Der *Schlüssel des Lebens* liegt in der Liebe kombiniert mit Sexualität. Dies ist biologisch einleuchtend, da es ohne Sexualität keine Fortpflanzung, keine Kinder gäbe und es bereits innerhalb einer Generation zu einem Aussterben unserer Art kommen würde.

Und das der *Homo Sapiens,* noch nicht in die Washingtoner Liste bedrohter Arten aufgenommen wurde, liegt zweifelsfrei an dem Umstand, dass wir uns gut auf den Arterhalt verstehen, denn davon zeugen bereits über 7 Milliarden Menschen.

In China, dem größten Volk der Erde, liegt gemäß

dem ursprünglichen Wissen der Allerersten (Xian –
先), der Schlüssel des Lebens in der Sexualität.

Damit ist sehr, sehr viel mehr gemeint, als Sex *zu
haben*. Das höchste spirituelle Ziel ist - über die
Einheit zwischen Körper, Geist und Seele - die
Überwindung der physischen Materie zu erreichen,
umso den Menschen mit Himmel und Erde für immer
zu vereinen. Im *Nirwana* eine Ewigkeit finden. Lust
will Ewigkeit. Tiefe, tiefe Ewigkeit.

In den verschiedensten Kulturen wird davon
gesprochen, wenn Mann und Frau Sex miteinander
haben, dass sie *Eins* geworden sind. Auch aus Sicht
des *Wissens der Allerersten* ist dies so. Jedoch spricht
man hier von einer vollkommenen Einheit nur dann,
wenn dieses *Eins werden*, im Geiste und im *Fleische*
passiert.

Erotik ist die Vorstufe zum *Eins werden*. Es ist das

Vorspiel eines stillen Gebets mit unserem Körper, unserem Fleisch. Dabei kann es zum Ende hin auch ziemlich laut werden. Der Orgasmus ist einer der ehrlichsten Schreie, die wir Menschen jemals hervorgebracht habt.

Es gibt abertausend erotische Hilfsmittel. Vom schnellen, vibrierenden *Dildo*, bis zur ausgedehnten, meditativen Tantra Orgie. Es gibt noch viel mehr Vorlieben, Ablehnungen und Zuwendungen - ja sogar - äußerst perverse Neigungen, wie Menschen damit umgehen.

Die Bejahung, und die von Zwängen und falschen Dogmen befreite Auslebung, der eigenen Sexualität, kann nur dann den Schlüssel zum Leben bilden, wenn auch das Bewusstsein so ausgerichtet ist, dass es das eigene Selbst überwinden will.

Ja, ein Wille genügt! Ein ehrlicher Wille oder

Wunsch öffnet uns die Türen.

Das eigene Ego mit seinen hässlichen Gesichtern:
Neid, Gier, Missgunst, Zwietracht,
Machtbesessenheit darf keinen Raum mehr in deinem
Herzen finden, sondern dieser Raum soll vollständig
ausgefüllt, besetzt sein.

Besetzt durch das Licht der Schöpfung. Öffne Dich -
ohne Furcht -, so wie es der Himmel jeden Tag tut
und die Sonne auf euch scheinen lässt. Das ist
gesunde Sexualität!

Diesen Weg kann aber letztlich jeder nur *SELBST*
beschreiten und wie eine keimende Pflanze, die die
dunkle und harte Erde durchbricht und zum Lichte
emporstrebt, so sollte auch der Mensch zu der Quelle
allen Lebens, zu allem Lichte streben.

Und hier helfen weder unsinnige *Channels* oder
esoterischer Unfug, weder *Ablasshandel*, noch

technischer *Fortschritt*, noch weltlicher *Besitz oder Macht*, noch Bündnisse mit anderen Mächten, noch Selbstkasteiung. Es hilft nur das eigene Herz, aufgefüllt mit dem Licht der Schöpfung. Öffne Dich, *lass es herein, Let the Sunshine in.*

Dazu brauchst du noch nicht einmal einen Partner. Alleine geht das auch. Macht aber weniger Spaß.

Ich bin ja auch bloß ne Geschichte, zum Schlachten frei gegeben. Das haben aber schon viele versucht, ich bin grad dann immer hellwach.

Die *Paragrafen Kreisel* drehen sich mittlerweile um sich selbst. Die Argumente der unmündigen Beamtenmechanismen sind in sich selbst verknotet. Ich trete lieber aus, wie ein Pferd zur Befreiung, aus der selbst verschuldeten Unmündigkeit.

Bei Vimeo (Videoportal *Internetz*) habe ich mich mal ausgetanzt. Meinen Gefühlen freien Raum gegeben. Pat tanzt *Lust for Life*....ist dort so ein Tanz.

Das Lebensgefühl zum Ausdruck bringen, aber nicht wie einen Pickel.

Wen das interessiert guckt dort und sucht bei Google nach: *Vimeo Patbrave.*

Meine Hörbuchsprecherin hat mir vor kurzem einen Liedtext geschrieben aber mir verboten es zu veröffentlichen.

Dabei finde ich, der passt sehr gut in mein Selbstverständnis und in meine persönliche Gefühlswelt, oder ist **ES** doch ein ganzes Multiversum? Auf jeden Fall ist es *only Love*, nur die Liebe kann uns wirklich retten, um den Hass unglücklich zu machen.

Aber auch (Liebes)-Träume zerbrechen leider viel zu schnell.

Trotzdem sage jetzt schon mal Danke für das deutliche zwitschern in meiner Seele, für ihre, bei mir losgelassenen, fliegenden Vögeleins..., dazu ein Lied von David Bowie:

STARMAN SONGTEXT ÜBERSETZUNG

Tschüss, Schatz
Hab nicht gewusst wie spät es ist, Es war nur wenig
Licht zu sehen.
Ich habe mich zur Musik im Radio zurück gelehnt.
Die Katze räkelte sich zum Rock n Roll und ließ ihrer
Seele freien Lauf.
Dann kam der Ton und ich schien zu verblassen.
Und kam zurück wie eine langsame Stimme auf einer
Phase voll Wellen.

Es war nicht der DJ. Das war ein dunstiger
kosmischer Jive

Es war der Sternenmensch der im Himmel auf uns
wartet.
Er würde uns gern kennen lernen aber er denkt das
würde unserenHorizont übertreffen.
Doch er weiß das sich alles lohnt.
Er erzählte mir:
Lasst die Kinder verlieren.
Lasst die Kinder es erkennen.
Lasst die Kinder den Boogie nutzen.

Dazu ein Gedicht von mir:

11 Kleine Träume wollten in Erfüllung gehen. Einer
    ist zerplatzt,da war´n es nur noch zehn.

10 Kleine Träume wollten sich mal freu´n. Einer
    wurde traurig, da war´n es nur noch neun.

9 Kleine Träume wollten ohne Sorgen sein, so hatten
    sie gedacht. Einer zerbrach am Kopf, da war´n es
    nur noch acht.

8 Kleine Träume wollten sich ganz lieben. Einer
    hasste sich dabei, da war´n es nur noch sieben.

7 Kleine Träume hörten viel von Lust und Sex. Einer
    wurde Pastor, da war´n es nur noch sechs.

6 Kleine Träume wollten sich beschweren. Einer hat
    zu viel geschimpft, da war´n es nur noch fünf.

5 Kleine Träume suchten sich im Wein und Bier.
    Einer fand sich nicht, da war´n es nur noch vier.

4 Kleine Träume sahen sich im Spiegel an. Einer
   kriegte nie genug dabei, da war'n es nur noch
   drei.

3 Kleine Träume taten sich zusammen, wie vorher
   keiner.

2 Davon stritten sich brutal, da war es nur noch
   einer.

1 Kleinem, letzten Traum wurde schnell bewusst...,
   ein Traum wird Illusion, beim Leben im
   Überfluss.

Ja, Träume zerplatzen wie Seifenblasen. Ich hab wohl
zu viele davon durch einen Ring mit Spülmitteln
geblasen. Dabei sehen die bunten Träume so schön
aus, wenn sie in die Luft fliegen.

All-In ...womit?

Der Begriff *All-In* kommt aus dem Pokerspiel. Geht ein Spieler *All-In*, so gibt er alle seine verbleibenden Chips in den Pot. Verliert er dann, so können im weiteren Spielverlauf keine weiteren Einsätze mehr gemacht werden.

Lässt sich das ausrechnen, wann ein *All-In* sinnvoll ist? Bezogen auf eine im voraus bestimmte Lebensplanung vielleicht sogar?

Es gibt sog. Algorithmen denen wir uns bedienen können. Die Entscheidungsfindung ermöglicht der Algorithmus. Er bezeichnet im allgemeinen Sprachgebrauch eindeutige Handlungsvorschriften zum Lösen eines vorab definierten Problems, z.b wie möchte ich leben bis zum sterben?

Der Algorithmus, wo jeder mit muss…, alles ist messbar?

Der Begriff Algorithmus ist, nach einer kürzlichen Umfrage, den meisten Menschen in seiner Bedeutung völlig unklar.

Algorithmen sind eines der zentralen Themen der Informatik und Mathematik. In Form von Computerprogrammen und elektronischen Schaltkreisen steuern Algorithmen Computer und andere Maschinen.

Algorithmen für Computer sind heute so vielfältig wie die Anwendungen, die sie ermöglichen sollen. Vom elektronischen Steuergerät für den Einsatz im KFZ über die Rechtschreib- und Satzbau-Kontrolle in einer Textverarbeitung bis hin zur Analyse von Aktienmärkten finden sich tausende von Algorithmen.

Quelle: KATALOG DER DEUTSCHEN NATIONALBIBLIOTHEK

Ich bin wohl eher ein Zufallsprinzip, als das Resultat eines geplanten Algorithmus. Meine Schule sind auch jahrzehntelange Kneipen-*Dröhnereien*, wie Müllers Mühle beim *Atzewienerkram*. Mit Gott spielt man nicht!

Auch nicht mit dem Samen von fern- und fremdgesteuerten *Galeerensklaven* in Anzügen mit Schlips und Kragen. Es wird niemals passieren, dass künstliche Intelligenz oder ein aufgezwungenes Lebensmodell, die natürliche, menschliche Matrix beherrscht, is nich!

Dazu ist die Milliarden Jahre alte Natur viel zu erfahren, viel zu weit, um sich von einem Nerd-Insektenstich *wegbeamen* zu lassen.

Es wird immer schlimmer in unserer Gegenwart, das aus Angst getriebene *Mit-Machen-Müssen*.

Deswegen umarme ich manchmal Bäume und sehe dabei gut aus, weil die Seele und das Herz mehr merkt, als der Verstand mit seinem begrenzten Kopfscheiss.

Pflichterfüllung, Disziplin, selbst gewählte Notwendigkeiten und Konsequenzen hin und her..., der Umgang mit der Digitalisierung wird eine der schwierigsten Aufgaben, die der Mensch zu bewältigen hat.

Dabei wird sich die Spreu endgültig vom Weizen trennen, bei dem Umgang mit Bit und Bytes und maschinell generierten Antworten auf Herzens und Seelenfragen.

Empathie und Menschlichkeit wird wohl kein Algorithmus jemals *sauber* hinkriegen können.

Ich geh *All-In* mit mir selbst, ohne alles auszurechnen, weil mich meine innere, seelische Stimme dazu ermutigt.

Das *Internetz* wird die größte Waffe des 3 ' ten Jahrtausend, ja sicher. Aber wir alle, in *Pigalle auf Mäusefalle*, sollten „ES" nutzen und nicht umgekehrt zum Wohle nur weniger!

Auch wenn die Social Media Welt und Suchmaschinen von unseren Klicks, Posts und Informationen lebt und damit -zu viel !- Geld verdient, so brauchen wir sie doch. Nein, wir sollten sie, vielmehr für unsere eigenen Zwecke nutzen: Für eine bessere Verteilung der Ressourcen auf dieser Welt.

Es geht um die richtigen Nutzung des Internet. Wie ein Marienkäfer mit seinem farbenfrohen Panzer, unter dem sich Flügel befinden. Man sieht sie nicht, aber der Marienkäfer erhebt sich damit in die Lüfte.

Der Kampf sollte keine Sieger finden. Sieger bedingen immer auch Verlierer. Deswegen möchte ich auch ein paar *Für-Alle-Gespräche* loswerden, denn Zeit hab ich im Überfluss. Kleine Alltagsgeschichten, so wie ich sie wahrnehme mittlerweile, sollen etwas Licht ins Dunkle eines

zwielichtigen Daseins bringen.

Frau Gnosa in der langen Reihe

Diese kleine Geschichte soll meinen Geschmack eines zünftigen Werdegangs etwas historisch beschreiben, bei dem die Kultur eben nicht zu kurz kommen muss, bei all dem *immer mehr und immer weiter*, bis keiner mehr kann.

Ich hab mich früher, in meiner Sturm- und Drangperiode eines Suchenden, sehr oft in St. Georg herumgetrieben. Es war damals eine gefährliche Zeit für mich. Heute nicht mehr.

Dieser Stadtteil ist geprägt durch seine bunte, lebendige multikulturelle Vielfalt, mit all seinen Verlockungen jeglicher Art.

Das Viertel verdankt seinen Namen dem Hospital St. Georg, einem Lepra-Hospital, das um 1200 außerhalb der Stadt gegründet wurde und nach dem heiligen Georg benannt worden ist. Nach dem Reglement von 1296, das der Rat und die

Erbgesessene Bürgerschaft gemeinsam mit dem Domkapitel erlassen hatten, durften die Pestkranken die Stadt nicht betreten, um die *anständige* Bevölkerung vor Ansteckung zu schützen.

Dem Hospital gehörte der Landstreifen zwischen der Straße Koppel und der Außenalster. Hierhin wurden später störende Gewerbe wie Schweinezüchter und Branntweinbrenner abgeschoben. 1564 wurde ein Pestfriedhof angelegt, der als Armenfriedhof weiter bestand und aus dem im 18. Jahrhundert die Steintorfriedhöfe hervorgingen.

Bereits seit 1554 stand hier auch der Galgen von Hamburg. Das Pesthaus wurde 1606 an den Hamburger Berg in St. Pauli verlegt und das St.-Georgs-Hospital in ein Armenstift umgewandelt, das erst 1951 aufgehoben wurde.

Das Café Gnosa in St. Georg mit hauseigener Konditorei in der denkmalgeschützten Langen Reihe

93 besteht seit etwa 1900.

Elli und Gerhard Gnosa übernahmen es 1939, seither führt es ihren Namen. Entsprechend dem Zeitgeschmack war es dunkel eingerichtet, vor den bleiverglasten Fenstern hingen Vorhänge. Nach dem Zweiten Weltkrieg wurden zusätzlich kleine Speisen angeboten.

Mit dem Niedergang St. Georgs veränderte sich ab den 1950er-Jahren die Kundschaft des Cafés. Es entwickelte sich zu einem „Hausfrauenstrich", an dem sich mittellose Frauen hauptsächlich Handelsvertretern anboten, um sich zu prostituieren.

Bis 1987 führte Elli Gnosa das Café, zuletzt mit ihrer Tochter als Konditorin. Mit dem Verkauf änderte sich das Aussehen des Cafés nur wenig, allerdings wurden die Fenster zur Langen Reihe hin freigemacht, die Vorhänge verschwanden. Zusätzlich gab es Außenbestuhlung.

Neue Kundschaft wurde die schwul-lesbische Szene Hamburgs. Als wohl ältestes noch bestehende Caféhaus der Langen Reihe wird es mittlerweile in Reiseführern erwähnt. In seinen Räumen finden regelmäßig Ausstellungen statt, beispielsweise Wolfgang Tillmans erste Einzelausstellung 1988.

Wolfgang Tillmans (* 16. August 1968 in Remscheid) ist ein deutscher Fotograf und Künstler, der in Berlin und London lebt und arbeitet. Sein Gesamtwerk ist zum einen durch aufmerksame Beobachtung seiner Umwelt, zum anderen durch die Erforschung der Grundlagen der Fotografie geprägt. 2000 wurde ihm als erstem Fotografen und Nichtengländer der renommierte Turner Prize verliehen.

Glaubt man den Hamburger Boulevardzeitungen, befindet man sich auf St. Georg am Eingang der Unterwelt. *Straße des Schreckens* nannte die Mopo den Steindamm, die Bild bezeichnete ihn erst als *Slum*, dann als *Vorhof zur Hölle.*

Ich selbst habe den Drogenumschlagsplatz dort als „Platz der toten Seelen" bezeichnet und gehörte zeitweilig auch zu solchen Konsumenten.

Heute empfinde ich den Ort als angenehm, anregend und beispielhaft für eine positive Entwicklungsgeschichte. Das dortige Hansa-Theater besteht seit etlichen Schließungsgerüchten immer noch und leistet dort tolle Variete Arbeit für unsere Kultur.

Etliche Künstler, ausländische Mitbürger, alteingesessene Anwohner und Touristen sollten Stolz auf ihr dortiges Miteinander sein. Es lebe die Kultur! Gib niemals auf zu leben, isso!

4 Unterhosen bei Aldi

Hab mir heute 4 Unterhosen bei Aldi gekauft. Grösse XXL und XL, die anderen waren ausverkauft, weg vom Fenster sozusagen. Die waren sogar nach Größe sichtbar und farbig markiert. Die *Bückware* und der *Grabbeltisch* hatte zugeschlagen!

Selten so eine schöne, menschliche Logik gesehen, wie die beiden Aldi Brüder aus dem Essener Arbeiterviertel , Theo und Karl, den günstigen Einkauf anderer zur Chefsache gemacht haben.

Ihr Vater war gelernter Bäcker bis er aus gesundheitlichen Gründen diese Arbeit aufgeben musste. Die Mutter der beiden managte einen Tante-Emma-Laden, die Wurzel des späteren Albrechtskonzerns.

Ich habe nun, ohne Klingelbeutel in alten Kirchenhäusern, ohne Ablasshandel oder aus versehen…, XXL und XL Unterhosen gekauft. Ich hoffe nur, dass die kleinen XL noch passen, auch wenn ich sie zu heiß gewaschen habe.

Die *Großen* können ja auch einlaufen und passen dann immer noch, als Reserve im Nachhinein.

Aldi is toll. Wie konnten 2 Brüder eine Gemischtwarenhandlung, einen Tante-Emma-Laden, nur so groß ausdehnen?

Ganz *easy going!*

Sie mussten nur die Käufer verstehen. Theo nahm als Mitglied einer Nachschubeinheit am Afrikafeldzug teil und geriet später in Italien in amerikanische Gefangenschaft. Karl diente als Soldat in der Wehrmacht und nahm am Krieg gegen die Sowjetunion teil. 1941 wurde er in der Schlacht um Moskau schwer verwundet und entging nach eigenen Angaben nur knapp einer Beinamputation.

Beide hatten also viel Leid und Erfahrung gesammelt, bis sie soweit waren, zu den reichsten

Menschen der Welt zu gehören.

Vom großen Zampano, auf dicke Hose machen, hielten sie beide nichts. In ihrer freien Zeit züchteten sie lieber Orchideen. Ihr Privatleben hielten sie aus der Öffentlichkeit heraus.

Die einzige überlieferte und authentische, geschäftliche Äußerung tätigte Karl Albrecht 1953 auf einem Treffen des Lebensmittelverbandes NRW.

Er äußerte sich wie folgt über die Aldi-Prinzipien: „Seit 1950 verfolgen wir neben dem Grundsatz des kleinen Warenangebotes den des niedrigen Preises."

Ich habe mich, bei der Wahl meiner Unterhosen, ein wenig von diesen Lebensgeschichten leiten lassen. Ich entschied mich für ein buntes Sortiment mit schlichter Form, genauso wie ich mein Leben gestalten durfte.

Es kommt nicht darauf an wie reich Mann oder Frau ist,...nein..., es ist vielmehr der innere Reichtum, der Schatz den man in sich trägt.

Ich trage die guten Schlüpfer gern, nicht sichtbar, und denke oft an einen Weltkonzern dabei, aber nur sarkastisch humorvoll für mich selbst.

Tour de France zum Bankkonto

Ich will heute mit meinem alten, deutschen, gelben Qualitäts-Kettlerfahrrad zum Bankkonto *touren.* Heute ist Freitag. Kontostand online, im *Internetz,* zeigte noch 17,13 Euro.

Am Wochenende, bzw. Sonntags, haben ja leider keine günstigeren Einkaufsmöglichkeiten offen, deswegen mache ich eine *Tour de France,* mit angestupster Seelenwunde, da mein Konto mal wieder fast nichts mehr drauf hat.

Also..., heilig weiter teufeln und los mit dem Fahrrad, die Wochenendversorgung nach Hause fahren.

Die Tour de France, auch *Grande Boucle* (französisch für Große Schleife) oder einfach *Le Tour* genannt, ist das berühmteste und, für die mühseligen Fahrer, das bedeutendste Radrennen der Welt.

Die Tour wird oft als das nach den Olympischen

Spielen und der Fußball-Weltmeisterschaft drittgrößte Sportereignis der Welt oder als das größte jährlich stattfindende Sportereignis bezeichnet und gilt als das härteste Radrennen der Welt.

Ich also los in den Kampf. Zunächst überholte ich die Blechdosen, die in der *Rush-Hour* ihr Staudasein fristen mussten. Das hat mir mal wieder richtig Freude bereitet. Ich guck mir dabei immer gern die hilflosen Gesichter, in ihren Autos hockend, an.

Rechts vor links gilt ja im Straßenverkehr. Viele rasen aber ohne zu schauen, als wenn es eine Sekunde zu verlieren geben würde. Ich fahre mit konstanter Geschwindigkeit auf dem Radweg, rechte Fahrbahnseite. Ab und zu überholt mich ein Fahrzeuginsasse, der mir mehrmals vorher schon auf meiner Tour begegnet ist.

An der nächsten Ampel hab ich ihn wieder. Sein Gesicht sieht immer noch verloren aus. Er muss ja, gezwungener Weise, nun mal wieder warten, bis er neues Grün kriegt.

Ich schalte dann immer einen Gang höher, weil es mir Spaß macht nicht warten zu müssen. Mein Kettler Fahrrad hat 21 Gänge, da ist viel Luft nach oben drin!

Auf der Bergstedter Chaussee habe ich leichtes Spiel mit den Blechdoseninsassen. Schwieriger wird es beim Übergang zur Saseler Chaussee. Da muss ich höllisch aufpassen, weil ich die verstopfte Straße überqueren muss. Ein Loch in der Autoschlange dort zu erwischen ist fast unmöglich. Fußgänger-Ampel abwarten ist nicht mein Ding, dann müsste ich ja auch warten.

Also rein ins Abenteuer! Im 5-Gange schiele ich nach links ob ich eine kleine Lücke im Autokorso erhasche. Der Begriff Korso (von ital. corso = Lauf, Laufbahn, Hauptstraße) stammt zwar vom

Pferderennen, meint aber heute meist eine langsame Fahrt mehrerer Fahrzeuge in einer Stadt.

Mein Gaul muss nun Höchstleistung vollbringen. Eine schnelle, mutige Entscheidung ist notwendig, um mit einem geschickten Sprint durch die mörderischen Zeitjäger Kolonnen hindurch schlüpfen zu können.

Da! Ich erspähe eine Chance. Eine ältere Dame hat sich beim Anfahren zu viel Zeit gelassen und wird sogleich von einem karrieregeilen Youngster angehupt. Diese Lücke nutze ich eiskalt aus. Ich schalte 2 Gänge tiefer und überquere, im Sprint radelnd, die Straße nach nirgendwo.

Geschafft! Die Oma am Steuerrad ihres Opel Ascona hat es verbockt. Ich konnte, ohne körperlichen Schaden zu nehmen, die Straßenseite wechseln. Nun bin ich weit im Vorteil, Advantage Radler!

Nun kann ich eine Abkürzung am Saseler Sportplatz nehmen, da fahren keine Blechdosen. Nullkommanix bin ich schon bei meiner Bank und stelle mein *Bicyclette* ab.

Die eingesperrten Blechdoseninsassen müssten erst, nach sehr langer Ampelwartezeit, an der Saseler Kreuzung rechts abbiegen und eine gehörige Strecke auf dem Ring 3 zurück legen, um an meinen jetzigen Standort zu gelangen.

Ganz entspannt betrete ich meine Bank. Meine EC-Karte ist noch frisch, sodass der Geldautomat keine Mucken beim auslesen macht. Ich checke den Kontostand noch mal.

Oh Gott! Ich hab nur noch 7,64 Euro im Depot. Jetzt heißt es, sehr kurzfristig, eine wirkungsvolle Strategie zu entwickeln. Ich hab keine Wahl.

Münzen zahlt der Automat nicht aus. Ich tippe nach meiner kryptisch, hypografischen Anmeldung eine 5 ein. 5 Euro, mehr gibt es nicht für´s ganze Wochenende.

Der Automat spukt mir den Schein entgegen. Ich ziehe in raus und stopfe mein *Geldbündelchen* in mein leeres Portemonnaie.

Jetzt die Rücktour antreten und bei Edeka einen Zwischenstopp einlegen.

Die Reise nach Edeka

Hier geht es nicht um Don Juan... *die Reise nach Ixtlan*... von dem amerikanischen Anthropologen Carlos Castaneda, aber so etwas ähnlichem. In der Reise nach Ixtlan thematisiert Castaneda Bewusstseinserweiterung und die Erfahrung zusätzlicher Welten, ohne dass Drogen als Hilfsmittel im Gebrauch wären. Er weist darin ausdrücklich darauf hin, dass der eigentlich angestrebte Lernprozess kein Lernprozess durch Drogen sei. Drogen seien ein zwar erprobtes, aber gefährliches Mittel. Das wissen wir fast alle, aus eigener oder fremder Erfahrung.

Die einfachen, harmlosen Dinge im Leben sind auch schon schön genug.

Ich hab grad beschlossen, wie so oft, mir ein Festessen zu machen, für 5 Euro! Mehr ist wegen Arge nicht drin! Einkaufen und kochen ist mittlerweile Meditation für mich.

Ich hab da so ne Spardose, gleich an meiner Eingangstür Zuhause. Ist eine alte Tasche, darin sammle ich Plastik und pfandfähige Blechdosen. Wenn die voll ist, sind es so ungefähr 12 Euro.

Solange der *Leergutschredderautomat* funktioniert, kriegen wir nen Bon. Fli-Fla-Flaschenpfand.

Ich mach mich also auf zu Edeka um mal wieder mein Bewusstsein zu erweitern.

Bei dieser Tagesidee befielt mich ein vorwurfsvolles Angstgefühl. Werden aufgeschriebene Sachen nicht in einer bestimmten Zeitformen be- oder geschrieben? Also..., die Leser sollen immer im Perfekt, Plusquamperfekt..., oder was weiß ich, lesen?

Konjugieren oder mit Worten eisern weiter jonglieren...? In der Grammatik war ich schon immer schlecht. Das konnte und wollte ich nie verstehen. Reglementuren ständig und überall, dabei will man doch nur etwas sagen, etwas sehen oder aufschreiben!?

Is mir egal, ich schreib weiter so, wie mir der Schnabel eben gewachsen ist, Basta!

Ich also zu Edeka. Vorher hab ich einen dicken Baum umarmt, bei der alten Kirche in Bergstedt, da sieht ein keiner so leicht. Ich mag das einfach, etwas Abstand gewinnen zu den täglichen Routinen.

Hab mir grad, von einem ausländischem Hintz & Kunz Anbieter, noch 4,5 Euro dazu geliehen. Edeka-Eingang stand er da, ich hatte eben zu wenig. Finde ich gut, kriegt er nächste Woche *torügg* (Plattdeutsch für zurück).

Beim Edeka-Eingang kam mir auch eine Asiatin mit ihren 3 Kindern entgegen. Nicht das sie oder ich etwas voneinander wollten,...übrigens typische Erwartungshaltung von ferngesteuerten Denkmustern,...nein, ...ich erwähne das nur deshalb, um meine Eindrücke und Wahrnehmungen auszudrücken. Es gibt viel zu entdecken, mit einer gewissen Wachheit, *Innen und Drinnen,* im bewussten Sein, im Bewusstsein, im Kopf, im Herz... oder wo auch immer.

Das weiß ja sowieso keiner so genau, wo der Schlüssel hängt, den wir zum Glücklich sein brauchen, mit dem wir unsere verschlossenen Türen aufschließen könnten. Oder?

Also zurück zum Eindruck mit der Asiatin..., oder einem jüngerer Mann mit deutlichem Downsyndrom, der vor sich her *sabbelte*, oder einem Handwerker, der verzweifelt in den Verkaufsregalen nach etwas suchend, oder einer Frau mit einer kleinen, schreiender Tochter, oder einer stumpfen Kassiererin, oder einem nervöser Geschäftsmann, dem die Zeit abhanden ging.... und so weiter..., all das sehe ich beim 10 - 15 Minuten Einkauf bei Edeka.

Richtig aggressiv machte mich heute ein junger, karrierebegeisterter Jungpapi. Der drängelte mit seinem Einkaufswagen, sehr merklich, hinter mir herum, diddeldum.

Er wollte wohl, ...so mal eben, für seine neu *gegründelte* Familie die Wochenendversorgung schnell, gierig und egoistisch hinter sich haben. Dabei hat der *Doffbüddel* alles noch vor sich!

»Bleib stehen, biste schon da!«, gab ich an der

Kasse mein Unverständnis für sein Gedrängel zum
Besten. Sein Hintenansteher hatte das sehr schnell
geschnallt. Der kicherte wohl wissend über meine,
gut gemeinte, Bemerkung. Was soll das auch? Das
Laufband bestimmt mittlerweile den Abfluss, nicht
unser schräges Selbstverständnis.

Viele schauen (un-)bewusst gar nicht hin. Sie
folgen ihrem inneren Trott, sind mit knapper Zeit
oder anderen, scheinbar dringenden
Notwendigkeiten, beschäftigt. Ich nicht mehr.

Wann fiel mir *dieses*..., fast hätte ich das *dieses* als
Gabe bezeichnet, auf? Seit Wann habe ich es so
empfunden und intensiv wahrgenommen?

Es war kein einzelner Moment, keine Beleuchtung
als ein Lichtlein anging. Es ist wohl eher ein
Resultat..., aus weiter machen, niemals aufgeben,
wird schon werden.

Es ist ein kostenloser Glaube, der stärker ist als das

gesamte Wissen. Eine innere Kraft, bei der wir dabei sind, sie zu verlieren. Wir machen uns das Leben viel schwerer, als es eh schon ist.

Mehr Zeit nehmen, um schneller voranzukommen, womit oder wohin auch immer. Es ist so eine kosmische Gegensätzlichkeit, die schon immer da und richtig wahr. Die Geschichte lehrt uns das.

Als ich Edeka verließ, fiel mir noch die nette Dame im Eingangsbereich auf. Sie kümmert sich dort um die Tabakabteilung und die Blumen. Sie war grad dabei die Pflänzlein zu gießen, als wenn sie zu Hause wäre, so schön gemütlich.

Preis der Wahrheit und Scham

Was ist Wahrheit? Die Wahrheit kann keiner kaufen. Es geht nicht um sie herum, nicht unten drunter oder oben drüber. Nicht „geschummelt" an einer Seite vorbei. Die Wahrheit ist ohne *Wenn und Aber*, eben die Wahrheit, isso!

Wer sich selbst belügt ist ohne Wahrheit. Der Preis ist hoch. Was ist der Preis? Du darfst mit der deiner Lüge andere ausnutzen, betrügen, belügen und Dich selbst. Du darfst dir selbst einbilden: „Ich bin ein ganz großer Fisch", was geht mich der Rest der Welt an? Ich bin der Weisheit letzter Schluss.

Du hast Geld, kaufst Dir alles was Du haben willst. Du wohnst in *Sodom und Gomorra*, und denkst, dass Du ein ganz toller Siegertyp bist.

Aber was ist die wahrhaftige Wirklichkeit der Wahrheit?

Die Dosis macht das Gift. Lüge brauchen wir! Wie oben und unten. Wie süß und sauer, wie schwarz und weiß, wie Glück und Pech, wie Liebe und Hass, Wie Yin und Yan. Wir brauchen einen Puff! Die Männer brauchen Huren und Frauen brauchen Callboys, sagt uns zumindest unsere Geschichte. Obwohl ich nichts davon halte.

Schämst du dich oder bist du stolz auf das, was du machst? Scham ist ein Gefühl der Verlegenheit oder der Bloßstellung. Das Bloßstellen, dass durch Verletzung der Intimsphäre auftreten kann oder auf dem Bewusstsein beruht, durch unehrenhafte, unanständige oder erfolglose Handlungen, sozialen Erwartungen oder Normen nicht entsprochen zu haben, ist auch Scham.

Stolz wird als entgegengesetzter Pol zur Scham gesehen. Ja..., jeder sucht seine Möglichkeiten, resultierend aus Herkunft, Charakter, Prägeanstalt u.s.w., aber die Zeit, ...*et le temps*..., is ein schwerwiegender Hinderungsgrund, das begrenzte menschliche Leben egoistisch auszuleben.

Mein Leben ist von Scham geprägt, wie ein Lotto Gewinn, aber gegen mein Ego! Scham beschützte mich vor falschem Stolz. Ich war nicht mal der Urheber meiner Scham. Es war vielmehr ein Resultat aus unerfüllten Erwartungshaltungen meines sozialen Umfeldes.

ich glaub ich bin pervers, ich trage nur normale Unterwäsche!

Muss man denn heutzutage immer etwas besonderes sein?

Aber zaubern will ich trotzdem nicht können..., da hatte ich mal ne Mitschülerin, damals in der 2´ten Klasse. In der 3´ten war sie plötzlich weg. Einfach abgeholt…, haben wir unwissend gescherzt.

Das kleine Mädchen war die Tochter meines damaligen Fußballtrainers, der hieß August und hatte doch tatsächlich seinen Vornamen in Henning ändern lassen, weil er sich ständig gehänselt fühlte wegen seines Vornamens.

Seine Tochter hatte ne Meise..., sie behauptete

ständig sie könne zaubern. Meine Mutter erzählte mir irgendwann, dass meine ältere Schwester Bärbel, ihn mal in die Hecke geschuppt hat, meinen Fußballtrainer, den Vater der Zauberin, wg. Grabscherei und so.

Jeder hat sein eigenes Universum zu gestalten und auszuhalten, das ganze *All* ist trotzdem ein Miteinander, ohne das geht *ES* nicht.

Cabrio fahren, Dach auf.., damit die Hörner Platz haben, ist falscher Stolz. Große Klappen haben kleine Öffnungen, als Schutzfunktion und als Ablenkungsmanöver vor einer demütigen Scham.

Ja, das loslassen davon würde weh tun! Wie anstrengend die Vorstellung..., den mühsam erarbeiteten Ego-Vorteil mit der nächsten Generation gerecht teilen zu müssen.

Erst wieder Wüste, dann weiter gelobtes Land, dass wird uns die Natur und die zukünftige Zeit von uns abverlangen.

Die aussichtslosen Kämpfe gegeneinander, zum eigen Vorteil, werden keine Sieger hervorbringen. Der Preis von Wahrheit und Scham ist bereits zu Beginn des Zeitgeistes, vor dem Urknall, definiert. Es ist das ab- und aufgeben, damit **ES** weiter gehen kann.

So wie Sterne und Planeten von schwarzen Löchern eingesogen und als neue Galaxien wieder ausgespuckt werden.

Die Suche nach Liebe zu mir selbst…, das ist der Grund, warum ich mich manchmal gern betrinke. Stinkefinger und Wutreaktionen sind nix weiter, als ein Resultat der Unfähigkeit einfach los zulassen. Alles braucht seine Zeit. Ich fühle mich mittlerweile durch meine gewählte Armut aber sehr behütet.

Ich möchte nicht soviel Schuld dabei tragen, die Zukunft einfach egoistisch verfrühstückt zu haben.

Mein leerer Rucksack ist schon schwer genug. Stellt euch einen Flamingo ohne Beine dabei vor.

Tages- , Talk-, Koch- und Quizshow

Ich war neulich als Komparse im Studio Hamburg, für die Aufzeichnung einer Quizshow mit Jörg Pilawa. Es erinnerte mich an die Geschichte von Jonas der von einem Wal verschlungen wird und wieder ausgespuckt wird.

Die ganze Show kam mir vor wie eine Satire, in deren Mittelpunkt die Jonasgestalt als bornierte Witzfigur steht. An deren Erlebnissen wird die Unmöglichkeit einer empathischen, humanistischen Grundhaltung entlarvt.

Jörg Pilotwal ohne Jonas kann einpacken! Wir mussten alle, immer zu bestimmten Zeiten der *Verschlingungsepisode*, laut los klatschen.

Die weiblichen Ordnungskräfte, die redegewandten Manager mit Mikrofon und Egoismus ausgestattet, der schwenkende Kamerameister, scheitern alle an sich selbst, trotz Jörg Pilawas Redegewandtheit.

Aber, selbst der kann nun einpacken, weil ich in seiner Show Zuschauer war! Überschätzung in allen Ehren, aber was soll der Firlefanz, der Springteufeltanz der erzwungenen Lustigkeit?

Ich zieh mich hinten wieder auf, damit es vorne weiter rasselt. Wie ein Tanzbär komme ich mir mittlerweile vor, wenn ich mich bemühe zu verstehen, warum eine Volksverdummung so viel Chancen erhält.

Es ist eben doch nix anderes als Authentizität, die die Einschaltquoten zum kochen bringt. Wer isst schon kaltes Zeug?

Selbst der Dieter, und da gibt es viele von…, der Herbert Nuhr, is überfordert von sich selbst. Sein vorhaltendes *Sabbelkrimskrams* löst ja schon tiefe Augenringe aus, in seinem Gesicht, trotz hoher Einschaltquoten.

Kabarettisten, Komiker, Autoren und Moderatoren liegen im Trend, weil wir uns selbst nix mehr zu sagen haben.

Macht mal den Ton aus, beim zugucken, dann sehen wir, dass selbst so ne *Profimischpoke* eine neue Schale für uns Affen braucht.

Sonst fressen wir unsere *Bananas* nicht mehr anständig. Die Sklaven wie er und andere *Klamaukentrommler*, sind nur Marionetten für Geldwäscher im Hintergrund. Hinter der Bühne wird die Post ausgetragen und wieder, mal wieder, nicht von *Aloises Hingerl,* dem Münchner im Himmel mit 2' ter Chance, nicht abgeliefert. Warum?

Es sind eben keine richtigen Bananen mehr in der Schale, die sie uns Affen zum Fraß vorwerfen. Deswegen sind jetzt auch *Koch-Shows* so modern um etwas geschmackloses zu entlarven. Feiert die Fressnummer für ganz tolle Rettungsanker, auf Rosins Restaurant, für gescheiterte Existenzen. Hauptsache die *Crème de la Crème* wird bezahlt.

Der Designgestylte, *Prima-Schuhe-Anhabende,* verkappte Gauleiter, ...der Regiemeister, der immer an das bestellte *Galerrenschiff Publikum* Befehle gab, ...wann, wo und wie doll es zu klatschen hat, nach dem Motto: .. tanz, tanz… Bär, ...sonst gibts es Strafe.

Die *Regie* fühlt sich wahrscheinlich auch noch wohl dabei mit ihrer, wohl dosiert und gefickten...elitären, *Egopeitsche.*

Ich lass mich nicht verbiegen. Ich bleib an der richtigen Stelle steif, wenn' s sein soll! Der Alptraum einer Show mit Blick auf rückläufigen Quotenfang!

Das geht bei mir übrigens auch von selbst, ohne Viagra oder *nuggeln,* am prima Umfang Stelldichein.

Das Gesülze, z.b einer 3 Minutensendung, möchte ich hier mal auflisten. Die Worte, die mir in Herz, Seele und Verstand, der 3 Einigkeit, so sehr weh tun, möchte ich mal für bewusste Leser zum besten geben.

Ich erschieße manchmal, mit meiner Hand als Pistole, vor dem TV sitzend, die Nachrichtensprecher und -sprecherinnen. Warum?

Weil sie alle, glatt gebügelt, mit sich selbst und ihrem Ego, die geforderte *Einschaltquoten-Scheiße* runter leiern.

»Wo haben sie denn den da rausgelassen?«, frage ich mich dann

immer im Stillen. *»Der ginge auch als Staubsaugervertreter oder jeder andere Koff-mich-Typ durch!«*.

Ohne Meldungen über Katastrophen, Anschläge, Flugzeugabstürze, Kindesmisshandlung, Sex versteckt in kommentierten Sexualstraftaten und dergleichen, scheint es nicht zu gehen. Schon zum Frühstücksfernsehen werden wir damit eingelullt.

Ein Brief von den Klassen 3 und 4 der Grundschule Bühlerzell-Geifertshofen an die ARD macht es deutlich. Darin beklagen die Schülerinnen und Schüler, dass die Tagesschau so viele schlechte Nachrichten verbreitet. „Manche von uns können deshalb nicht mehr gut schlafen", heißt es in dem Brief.

Was *Die* da so *sabbeln*, oh ha…, ich mach dann

gerne den Ton aus und guck nur in die Gesichter. Das stumme Sehen dann, könnte auch genauso klinken wie:

Mein Pferd, mein Auto, meine Kinder, mein Urlaub. Ich bin ja so toll. Hauptsache mir geht es normal gut.

Fazit: Scheiß egal was die *quatschen*, es ist nur für *Kohle* und passieren tutet ja eh nix dabei und hinterher. *Hauptsache mich geht das alles nichts an,* ist das private Motto der Shows. Mir das Meine und Euch euer unser. So wird das auf Dauer nicht funktionieren!

Wir brauchen zusammen mehr, als ein *gute-Laune-Gesabbel*, zwangsauferlegte Quasseltaschen, Superlative und feuchte Konjunktive als Möglichkeitsformen. Wir brauchen konkrete Bananen mit anständiger Schale. Fragt *Mario Bart*, der spricht beim Stromtarif schon über High-Heels.

Ich kommentiere gerne was ich sehe und wahrnehme. Nicht so laut, damit meine Nachbarn nicht denken sie haben einen Wahnsinnigen im Haus, obwohl sie das sowieso schon tun.

Nein, eher leise im Stillen, in Gedanken. Meine Selbstgespräche sind meine eigene Tagesshow, meine innere Talkshow, die mit spielen will, unangeleint. Wir müssen eben nicht…leider draußen bleiben.

Ne, der is raus.. passt nicht zum immer-gute-Laune-Fressen. Die Manager sehen schon die Einschaltquoten, ihre *Mütze auf Torte*, den Berg hinab gehen, nicht bergauf.

Ich würde wahnsinnig werden, müsste ich jeden morgen, immer mit guter Laune gestopft und gezwungener Maßen, rumsabbeln dürfen.

Wie schon im Kapitel *Pappmaché-Monster* erwähnt, wir werden überschüttet und berieselt mit Stillhalte-Parolen des *Titty-Tainementeffekts*. Die

Dauerberieselung durch die Medien, mit oberflächlichen Inhalten, werden wir aufhalten müssen. Und noch besser…, nachhaltig umkehren.

In: *Das Wirken der Unendlichkeit* beschreibt Castaneda ein Wesen, das vor Jahrtausenden *aus den Tiefen des Kosmos* zur Erde gekommen ist. Dieses Wesen versklavt demnach die Menschen, indem es ihr Bewusstsein raubt.

Es ernährt sich vom sterbenden Glanz der Bewusstheit, der Menschen umgibt und sich an der Außenseite des menschlichen, unsichtbaren Kokons befindet.

Dieser Glanz der Bewusstheit erstreckte sich ursprünglich, als Menschen noch in ihrem natürlichen Zustand waren, vom Fuß bis zum Kopf. Bei Kindern ist er laut Castaneda noch vorhanden, wird jedoch ab einer gewissen Reife angegriffen.

Das Wesen, das *Flieger* genannt wird, nährt sich

von dieser Bewusstheit bis zu den Zehenspitzen von Menschen, wodurch Menschen all ihrer Wahrnehmungsmöglichkeiten beraubt sind. Der Rest Bewusstheit, der übrig bleibt, reicht Menschen nur noch zur eingeschränkten Selbstreflexion, zur Beschäftigung mit dem eigenen Ich.

Das einzige Mittel, wie Menschen den *Flieger* vertreiben können, ist das innere Schweigen zu erreichen und dieses zur Disziplin zu machen.

Der *Flieger* trickst aber die Menschen aus, indem er ihnen ein Bewusstsein gibt, von dem sie glauben, es sei ihr eigenes. Er hindert sie dadurch daran, sich gegen ihn zur Wehr zu setzen und sich ihrer einstigen Möglichkeiten bewusst zu werden.

Laut Castaneda sind diese Möglichkeiten unermesslich, sobald der Flieger vertrieben ist und dadurch der Glanz der Bewusstheit wieder bis in Höhe des Kopfes ansteigen kann.

Quelle: Seite „Carlos Castaneda". In: Wikipedia, Die freie Enzyklopädie.

Dieses Wesen - den *Flieger-* zu vertreiben, ja...darum geht es mir, ging es schon immer. Mittlerweile habe ich schon sehr oft so ein ruhiges Gefühl in mir, ein inneres zufriedenes Schweigen.

Ich sag mir selbst dann immer: *Bleib stehen, biste schon da!* Ich ziehe mich dann immer gerne zurück, ziehe *meinen Kopf aus der Schlinge des (Mit-)Denken müssens* und radle mit meinem alten Kettler Fahrrad z.b. in den Wald, um einen Baum zu umarmen und freue ich mich, das ich nix hab, nix bin oder darstellen muss. Macht nix!

Gute Erinnerungen haben *Es* in sich. War schon im Prolog zu lesen:

Die Bäume erzählen Geschichten, die wir niemals oder nur ganz selten aber gehörig zum nachlesen bekommen. Sie sind still, aber längst nicht tot. Back to the roots.., zurück zu den Wurzeln, damit neue Äste wachsen? Nein, aber an den Ästen der alten Stämme entspringen neue Blüten. Also making own roots, macht eigene Wurzeln, haben die stillen Dinger schon lange drauf gehabt.

Pat, du bist doch nur faul, du Seitenschinder! Denkste!! Wenn ich faul wäre, würde ich meinen Arsch ins Büro bringen oder woanders einen dicken Max markieren wollen und auf Rente zusteuern.

Loslassen ist viel schwieriger als alles anpacken und einsacken zu wollen. Das weiß ich aus eigener, schmerzvoller Erfahrung. Meine Ausbildung, Berufstätigkeit und Selbstständigkeit lehrte mich das.

Wenn alle Menschen nur noch Bäume umarmen würden, wäre das auch nicht so toll. Das ist klar wie *Kloßbrühe*. Es ist aber nun mal so, dass Weniges das Gegenteil von Vieles ist. Und wir leben in einer Welt, wo verdammt viel schlecht verteilt ist!

Und weniger ist oft mehr, das Einfache ist beständig das Beste. Das zeigt uns, nicht zuletzt, auch die Kunst, wie das Bild von Edvard Munch: „*Der Schrei*".

Der Schrei ist der Titel von vier Gemälden und einer Lithografie des norwegischen Malers mit weitgehend identischem Motiv, die zwischen 1893 und 1910 entstanden. Sie zeigen eine menschliche Figur unter einem roten Himmel, die ihre Hände gegen den Kopf presst, während sie Mund und Augen angstvoll aufreißt.

Munch verarbeitete in dem Motiv eine eigene Angstattacke während eines abendlichen Spaziergangs, bei der er einen Schrei zu vernehmen meinte, der durch die Natur ging.

Der Schrei zeigt beispielhaft, wie Munch in seinen Werken die äußere Natur zum Spiegel seines inneren Erlebens machte.

Ich erlebe das heutige Dasein ähnlich. Es wird, an der Oberfläche einer bezahlten Sicherheit, keinen Wert mehr gelegt auf ein menschliches Miteinander. Es scheint uns verloren zu gehen.

Wenn das so weiter geht, kriegen bald die wenigen (Stein-)reichen, mitten drin in ihrem privaten Überfluss, den Arsch versohlt. Dann geht die Schafherde auf die Wölfe los.

Die Natur reicht uns die Hand der Freundschaft,

sie lädt uns ein, damit wir uns an ihrer Schönheit erfreuen. Doch wir fürchten ihre Stille und fliehen in die Städte, wo wir uns zusammendrängen wie eine Herde Lämmer beim Anblick des Wolfes.

Quelle: Khalil Gibran

Die ganze Hektik in unserer digitalen Welt nimmt Formen an, die mich an eine umgekehrte Genesis erinnern. Vom Menschen zum digitalen Affen…, vom *Homo Sapiens* zum *Homo Digitales*.

Wir werden zu glotzenden Monstern, die durch die Medienwelt gezwungen werden sich allen Scheiß anzutun.

DSDS-Stars springen ja mittlerweile von Luxusdampfern, damit sie als Teilschuldiger nicht ihr ganzes Mitwirken ertragen müssen.

Das könnte ganz anders werden, mehr direkte Pfeile ins Herz, ins Hirn und in die Seele müssten bewusst produziert werden. Mehr Wirklichkeit, Wahrhaftigkeit ohne Rücksicht auf Gewinne. Immerhin gefällt mir *Arte*, *Moma* (ARD Morgenmagazin) und die *Drehscheibe, als* Überbleibsel des öffentlich rechtlichen Fernsehens.

The Show must go on…, eben nicht, aber anders!

Teufels Wille... Gottes Beitrag

Bei mir ist ein neuer Nachbar eingezogen. Das Spiegelbild meiner Selbst, aus meinen schlimmsten Zeiten. Der Anfang vom Ende hat begonnen.

Er drohte mir..., mich aus meiner geliebten Wohnung zu eliminieren. Lügen werden ihm dabei wohl eher nicht im Wege stehen und die Gerüchteküche brutzelt fleißig vor sich hin, für den *Jungspund,* dem Smarthahn.

Aggressiv, betrunken und ohne respektvollem Abstand, attackierte er mich nun schon beim nachhause kommen. Ich werde mich wärmer anziehen müssen. Meine vergangenen Übeltaten kann ich mittlerweile im *Hier und Jetzt* ausbaden. Ich scheine auch sein Spiegelbild, gut und böse, fremd gemischt, zu sein.

Ein Davonläufer bin ich ja, Gott-sei-Dank, nie gewesen. Gottes Beitrag ist abzuwarten. Einer wartet immer. Schau'n wir mal.

Selbst meine eigene Mutter konnte mit mir am Anfang, ihres neugeborenen nicht viel anfangen, mit der komischen Erscheinung ihres Blutes. Blut ist der wertvollste Stoff den das Leben zu bieten hat.

Eine Frau, ein Mann, ein *normaler* Mensch versteht das nicht so leicht, fragt Hans, meinen Schwager, für das... Spiel mir das Lied vom Leben und Tod.

Vielleicht kann ich mit durch meinen neuen Nachbarn sogar den schwarzen Peter abgeben und es verdichtet sich die ganze Palette der *uneigentlichen* Möglichkeiten.

Sonst geht eben morgen die Welt auch nicht unter. Der Teufel hat übrigens auch Hausverbot im Himmel. Mal sehen, ob auch er mal wieder frische Seeluft einatmen möchte. *Captain Hornblower* setzt die Segel auf liebevolle Abwehr.

Aber, *blablabladios....*, wenn **Es** wirklich sein muss, sollte sich die Inkontinenz auch trocken verhalten. Was mich davon abhält diesen Unhold jetzt schon die Stirn zu bieten, ist die lieb gewonnene Gegenwart meines jetziges Daseins. It is only Love, um den Hass nachhaltig eine reinzuhauen.

Sich selbst lieben zu können gehört sich eben doch und ist unbedingt eingeschlossen.

Es ist wie Gewinn ohne Zustimmung oder Ablehnung. Was ist Gewinn? Wer stimmt zu oder nicht? Wer lehnt ab?

Keiner, passiert einfach so, isso!
Wer weiß, wie ich auf dem Klavier das Schlagzeug getrommelt hätte, den Bildern ein ganz neues Leben *Picassot* hätte. Wenn meine armen Eltern mehr Schotter und Zeit gehabt hätten, wer weiß denn irgendwas?
Vielleicht beantrage ich beim Jobcenter eine

finanzielle Unterstützung, um mit 59 Jahren Klavier spielen zu lernen. Dann klimper ich Ludwig van Beethoven etwas vor und *Harold and Maude, John Lennon und Yoko Ono* dürfen zuhören.

Ich, auf jeden Fall, will mich weder erheben noch versenken. Ich bin zufrieden demütig und das fühlt sich sehr gut an.

Mein kleines Ego möchte nur ein wenig dazu beitragen, dass wir auch in naher Zukunft noch Luft schnappen dürfen, etwas Wasser trinken können und dafür nicht gleich unsere Seele verkaufen müssen.

Es kommt wie' s kommen soll. Da haben wir alle eh keinen Einfluss drauf, im Endeffekt.

Que Sera, Sera (Whatever Will Be, Will Be... - Was kommt das kommt...) ist ein Lied, das 1956 von Ray Evans und Jay Livingston für den Film: *Der Mann, der zu viel wusste* komponiert und von Alfred Hitchcock geschrieben wurde und die Angelegenheit sehr treffend beschreibt.

Refrain:

Was wird sein?
Was auch immer sein wird, wird sein
In die Zukunft zu schauen, ist nicht unsere Sache.
Was wird sein?
Was sein wird, wird sein.

Im Film wurde es von Doris Day gesungen und 1957 als bester Song mit dem Oscar ausgezeichnet. In Großbritannien erreichte es Platz 1 der Hitparade, in den USA war es ein Nummer-zwei-Hit und Millionenseller.

Ich wäre schon froh, wenn ich ein paar Leser erreiche und etwas nachhaltiges, positives hinterlassen kann, um eine kleine Bewegung des Gewissens wieder in die ursprüngliche Richtung anzustoßen.

Back to the roots, zurück zu den Wurzeln und dann *make your own roots*, mach deine eigenen Wurzeln und Stämme, damit neue Äste wachsen an denen Blüten bestäubt werden können. Notfalls mit der Hure von Babylon.

Ich mach mir jetzt ne *Hopfen-Kaltschale* zurecht und befeuchte meine Kehle.

Bin nix, hab nix, macht nix, ISSO…, als Din-Norm Maßeinheit!

Wie klingt Jimmy Hendrix und Edith Piaf gleichzeitig bei Youtube geklickt! Probiert *ES* aus!

Die Ohren und das Herz klimpern da schon richtig...für gewisse Lieben. Hört mit, für die Blinden ohne Ohren, auf die Mütze ohne Torte darunter. *Andern mal in Panama*, bleibt mal stehen und fangt an zu leben!

Ich möchte jung sterben und das so spät wie möglich. Wenn ich das Zeitliche segne, dann serviert

mich bitte auf einem silbernen Tablett mit oben <u>und</u>
unten, als Obst für den Himmel und darunter. Ich will
auch in der Himmelhölle oder im Höllenhimmel
einen tiefen Seelengrund geblasen kriegen!

Klebt mich notfalls, mit 110, an beiden Seiten an,
damit ich euch nicht wegfalle ins Nirwana.

Mein Königreich aus Dreck, wird **ES** schon
reinwaschen.

Und dann, und dann, und dann.. ist auch mein Ziel
erreicht.

Wir brauchen eine *Fair-Trade-Jury,* aus uns selbst
gewachsen, als übergeordnetes Gewissen. Einen
besseren *Score* unseres Bewusstseins für das Für- und
Miteinander. Die Würde und Natur des Menschen ist
und bleibt unantastbar, isso!

Impressum

© 2019 Pat Brave

1 Auflage
Umschlaggestaltung, Illustration:
Verlag Lily Merlin
Lektorat, Korrektorat:
Verlag Lily Merlin, Schäferredder 10,
22395 Hamburg

ISBN Taschenbuch: 9781796370027

Bibliografische Information der Deutschen Nationalbibliothek:
Die Deutsche Nationalbibliothek verzeichnet diese Publikation in der Deutschen Nationalbibliografie; detaillierte bibliografische Daten sind im Internet über http://dnb.d-nb.de abrufbar.